Karl Michaelis

Die Deutschen und ihr Rechtsstaat

SCHRIFTENREIHE
DER JURISTISCHEN GESELLSCHAFT e.V.
BERLIN

Heft 60

1980

DE GRUYTER · BERLIN · NEW YORK

Die Deutschen und ihr Rechtsstaat

Von

Karl Michaelis

Vortrag
gehalten vor der
Berliner Juristischen Gesellschaft
am 24. Januar 1979

1980

DE GRUYTER · BERLIN · NEW YORK

Dr. jur. Karl Michaelis

em. o. Professor für Bürgerliches Recht,
Zivilprozeßrecht und Deutsche Rechtsgeschichte
an der Universität Göttingen

CIP-Kurztitelaufnahme der Deutschen Bibliothek

Michaelis, Karl:

Die Deutschen und ihr Rechtsstaat : Vortrag gehal-
ten vor d. Berliner Jurist. Ges. am 24. Januar
1979 / von Karl Michaelis. —
Berlin, New York : de Gruyter, 1979.
(Schriftenreihe der Juristischen Gesellschaft
e. V. Berlin ; H. 60)

ISBN 3-11-008221-7

Printed in Germany.

Satz und Druck: Saladruck, Berlin 36
Bindearbeiten: Berliner Buchbinderei Wübben & Co., Berlin 42

Das Thema umfaßt weitreichende Fragen, manche davon sind heftig umstritten. Deshalb will ich möglichst rasch zu dem kommen, was ich Ihnen zur Sache vorlegen möchte. Einige Worte müssen aber doch darüber gesagt werden, worauf das Thema zielt. Man könnte schon lange darüber sprechen, daß das Thema in sich problematisch sei. Wer sind zum Beispiel die Deutschen, von denen die Rede sein soll? Nehmen wir nur die Jahre 1648, 1866, 1945: jedesmal hat sich die Frage verschoben: wer gehört zu den Deutschen? Und was in hundert Jahren mit den Deutschen sein wird — wer weiß es? Nur das kann man wohl sagen: was in hundert Jahren sein wird, hängt *auch* von dem ab, was *wir jetzt* tun. — Ferner: in welchem Sinne wird vom Rechtsstaat gesprochen? im Sinne des Grundgesetzes, wobei dann vom Verhältnis der liberalen, demokratischen und sozialen Komponenten die Rede sein müßte — oder ist der Rechtsstaat im älteren, sozusagen klassisch-liberalen Sinne gemeint? Wiederum könnte jemand von vornherein einwenden, diese Gesichtspunkte seien vergleichsweise unwichtig etwa gegenüber der Frage, wer die Herrschaft über die Produktionsmittel habe.

Die Wortverbindung Rechtsstaat, im Anfang des 19. Jhdts. in der juristischen Literatur entstanden, gibt es nur in der deutschen Sprache. Folgt daraus, daß die Deutschen ein besonders nahes Verhältnis zu der Verbindung von Recht und Staat haben, oder folgt daraus umgekehrt, daß im Bewußtsein anderer Völker die Verbindung von Recht und Staat selbstverständlicher ist, und zwar deshalb, weil sie diese Verbindung schon vor langer Zeit durch Revolutionen gegen den Macht- und Polizeistaat errungen haben und sie deshalb zu ihrem festen, weil erkämpften Besitz gehört, während die Deutschen — so wird gesagt — es niemals, auch 1918 nicht, zu einer wirklichen Revolution gebracht hätten, wie sie denn überhaupt alle im Westen entstandenen freiheitlichen Ideen nur zögernd, nachträglich rezipiert und im Grunde sich doch nicht wirklich zu eigen gemacht hätten? Und das wird zum Teil in noch weitere Zusammenhänge gebracht: daß die Deutschen sich im Grunde in das, was christlich-abendländische Kultur heißt, niemals voll hätten integrieren lassen oder doch versucht hätten, sich davon wieder zu emanzipieren, so daß man trotz ihrer großen Kulturbeiträge, z. B. auf wissenschaftlichem oder musikalischem Gebiet, aufs Ganze gesehen, niemals wissen könne, wessen man sich von ihnen zu versehen habe; auch die Disziplin der römisch-abendländischen Rechtskultur hätten sie nicht wirklich akzeptiert.

Mit solchen Sätzen zitiere ich nicht Kriegspropaganda; dafür ließen sich aus dem In- und Auslande Belege bringen, gerade von Menschen, denen an den Deutschen gelegen ist. Man könnte auch darauf verweisen, daß das Grundgesetz der Bundesrepublik Deutschland mit seiner starken Betonung der Grundrechte und seinem Föderalismus nicht allein durch die Einwohner oder Parlamente der Bundesrepublik geschaffen sei, sondern unter erheblichen Einfluß der Siegermächte zustande gekommen ist, und zwar *auch*, um im Interesse der anderen Völker die Wiederkehr einer diktatorischen Zusammenraffung der Deutschen zu verhindern.

Die Gefahr der Deutschen, daß sie in zu kurzen Zeiträumen denken, besteht auch bei diesen Fragen. Man scheint sich oft nicht zu vergegenwärtigen, daß auswärtige Mächte an der inneren Gestaltung Deutschlands, mehrfach unter Übernahme von Garantiestellungen, schon 1648 mitgewirkt haben, weiter in der Zeit von 1800—1815, dann 1918/19 und noch stärker nach 1945. Es hat seit 1648 nur wenige Jahrzehnte gegeben, in denen die Deutschen de iure frei über sich bestimmen konnten, und es ist ihnen schlecht bekommen, wenn sie in diesen wenigen Jahrzehnten ihre de facto immer prekäre internationale Stellung vergaßen, weil ihr Gedächtnis über einige Jahrzehnte nicht hinausreichte.

Aus der Erkenntnis, welche weiten Zusammenhänge unser Thema hat, gewinnen wir schon 2 vorläufige Ergebnisse: Die Probleme, die aus den *geschichtlichen* Zusammenhängen herrühren, erledigen sich nicht schon mit dem Hinweis, daß die Deutschen, mindestens in der Bundesrepublik, sich nun schon 30 Jahre rechtsstaatlich bewährt hätten. Und wie bei den geschichtlichen Fragen, muß man die Weite der Probleme auch bei den *aktuell-rechtlichen* Fragen festhalten. Denkt man sie durch, so führt das bis an die Grenzen des Rechts und der Jurisprudenz.

Nur mit solchen Betrachtungsweisen kann man — nach meiner Einsicht — Klarheit darüber gewinnen, wo wir mit dem Rechtsstaat stehen, — oder wenigstens hoffen, solcher Klarheit näher zu kommen.

Im ersten Teil meines Vortrages werde ich über ein *geschichtliches* Ereignis sprechen, das für das Verständnis unserer Probleme von Bedeutung ist, *im zweiten Teil* werde ich über die *aktuelle* Lage sprechen. Der Zusammenhang beider Teile wird sich im zweiten von selbst ergeben.

I

Ich beginne mit der geschichtlichen Seite.

In seiner Rede[1] zum 17. Juni 1978, dem 1953 eingeführten „Tag der deutschen Einheit", hat Bundespräsident Walter Scheel gesagt, die Deutschen hätten nie eine Revolution zustande gebracht, mit einer Ausnahme: nur einmal, in der Reformation des 16. Jhdts., aber dabei habe es sich vornehmlich um himmlische, nicht um irdische Dinge gehandelt — wenn auch mit außergewöhnlicher Wirkung auf die innerweltliche Verhältnisse. Indem ich an diesen Satz anknüpfe, lenke ich, was Sie vielleicht, aber nur auf den ersten Blick, verwundern wird, Ihre Aufmerksamkeit zunächst in der Tat auf ein rechtserhebliches Ereignis des 16. Jhdts.

Bei aller Vorsicht mit geschichtlichen Vergleichen, läßt sich in einer bestimmten Hinsicht eine Vergleichbarkeit der Zeiten damals und heute erkennen. Bekanntlich erhalten viele Kämpfe um Macht und Einfluß eine besondere Schärfe dann, wenn zugleich um Weltanschauungen gekämpft wird. Machen wir diese Erfahrung in heutiger Zeit, so empfinden wir sie als Widerspruch zu der seither anerkannten vollen Toleranz, einer der Grundlagen des modernen Rechtsstaats. Damals war weltanschauliche Toleranz keineswegs ein anerkannter Ausgangspunkt. Zwar muß man sich auch vor übertriebenen Vorstellungen von der sog. geistigen Einheit des abendländischen Mittelalters hüten. Aber das läßt sich sagen: Es bestand jedenfalls im Prinzip ein Konsens über einen weiten Inbegriff grundlegender Lehren, der wesentliche praktische Konsequenzen für das öffentliche Leben hatte. Das fand z. B. Ausdruck in der engen Ver-

[1] Abgedruckt in der Frankfurter Allgemeinen Zeitung Nr. 126 vom 19. Juni 1978, S. 4.

bindung von Reich und Kirche und speziell in deren Zusammenwirken bei der Ketzerverfolgung nach den Reichsgesetzen Kaiser Friedrich II. von 1220 und 1232. Diese Zusammenarbeit ist oft genug praktiziert worden. In dieser zentralen verfassungsrechtlichen Frage trat nun eine grundlegende Änderung ein durch ein rechtsgeschichtliches Ereignis des Jahres 1555, nämlich durch den sog. *Augsburger Religionsfrieden,* dem, wie das Folgende zeigen wird, gerade unter dem Gesichtspunkt des *Rechtsstaats* entscheidende Bedeutung zukommt[2]. Allerdings ist oft gesagt worden, daß dieser Frieden weder grundsätzlich noch vor allem praktisch, nämlich für die Untertanen, Entscheidendes geändert habe. Denn auch nach ihm habe das vielzitierte cuius regio eius religio, also das Prinzip der politischen und kirchlichen Einheit weitergegolten, nur jetzt nicht mehr für das Reich, sondern für die einzelnen Länder. Aber diese Ansicht verkennt die grundsätzlichen und praktischen Veränderungen durch die Friedensregeln, auf die sich die Reichsstände einigten.

Es war schon etwas völlig Neues — nicht nur für das Reich, sondern das gesamte Abendland — daß zwei Konfessionen in *einem* Reich Daseinsrecht zuerkannt wurde. Es wurde sogar festgesetzt, daß innerhalb einer Reihe von Städten beide Konfessionen bestehen sollten (§ 27 des Reichsabschieds). Im Reichstag, im Reichskammergericht und im Reichshofrat saßen fortan Angehörige beider Konfessionen beieinander (§ 106)[3].

Für die Reichsrichter beider Konfessionen wurde (schon im Passauer Vorvertrag von 1552) eine einheitliche religiöse Eidesnorm vereinbart, um, wie es heißt, Unzuträglichkeiten zu vermeiden, die aus einer Verschiedenheit entstehen könnten. Die Anrufung der Heiligen, die für die Augsburger neben der Anrufung Gottes nicht annehmbar war, ersetzte man durch den Schwur auf das beiden gemeinsame heilige Evangelium (§ 107).

---

[2] Für unseren Gedankengang kann außer acht bleiben, daß der vorläufige Passauer Vertrag von 1552 für wichtige Regeln das Vorbild abgegeben hat; einer der häufigen Fälle, in denen, was als Provisorium vereinbart wird, auch das Definitivum maßgebend bestimmt.

[3] Im Reichstag führte das allmählich, quer zur Teilung in die bisherigen 2 oder 3 Kurien, zur Bildung des Corpus Evangelicorum und des C. Catholicorum. Darin kann man den Beginn weltanschaulicher Gruppierungen (Parteien) im Gegensatz zu den ständisch gegliederten Kurien sehen. Dabei entsteht sogleich die Frage nach der inneren Verfassung dieser Gebilde. S. Fritz *Wolff*, Corp. Evgl. und Corp. Cath. usw. Die Einfügung der konfessionellen Ständeverbindungen in die Reichsverfassung, Münster 1966.

Darin liegt der Beginn des langen Prozesses, in dem man die weltanschaulichen Verschiedenheiten auf einen heute sogenannten Minimalkonsens zurückzuführen sucht. Die Formel cuius regio, die erst um 1600 in der juristischen Literatur geprägt ist[4], ist auch sonst zur Kennzeichnung des Friedens unzureichend. In tatsächlicher Hinsicht kann sie den Anschein erwekken, als gehe der Übergang großer Reichsteile zur lutherischen Bewegung auf Verfügung von oben zurück. Die zeitgenössischen Quellen lassen aber keinen Zweifel, daß es sich in weitem Umfange um eine Bewegung von unten gehandelt hat, in der verschiedenartige Beweggründe zusammenflossen, daß die Obrigkeiten dieser Bewegung aber oft erst zögernd gefolgt sind. Ferner können Inhalt und Tragweite des Friedens selbst nicht anhand eines recht unbestimmten Schlagworts, sondern nur nach seinem konkreten Inhalt und dessen praktischen Auswirkungen bestimmt werden.

Unter dem Einfluß des cuius regio ist dagegen meist nur davon die Rede, daß die Untertanen der Konfessionswahl der Obrigkeit unterworfen gewesen seien. Dabei gerät leicht aus dem Blick, daß die Freiheit, zwischen den beiden Konfessionen wählen zu können, auch für die *Obrigkeiten* etwas grundsätzlich Neues war. Nach den Reichsketzergesetzen hätte für alle Obrigkeiten die Pflicht bestanden, mit dem weltlichen Arm auch gegen Anhänger Luthers vorzugehen, weil sie von der alten Kirche als Ketzer verurteilt waren. Durch den Frieden wurden diese Gesetze gegenüber den Anhängern der „Augsburgischen Konfession", die sie 1530 auf einem Reichstage in Augsburg überreicht hatten, außer Anwendung gesetzt. Bis 1555 war die Entscheidung für dieses Bekenntnis auch für die *Obrigkeiten* (zumal kleinere Landesherren oder Reichsstädte) ein Akt, der für die Verantwortlichen oft mit erheblichem persönlichem Risiko verbunden war. Karl V. war in der Zeit zwischen 1521 und 1555 mehr als einmal ein Gegner, der Furcht erwecken konnte. Zu den bekannten „Protestanten" von 1529, die sich weigerten, die Achterklärung gegen Luther zu vollziehen, gehörten so kleine Reichsstände wie Anhalt, St. Gallen, Reutlingen oder Windsheim. Und wie stand es mit der Freiheit der vielen Bischöfe, die seit Otto I. auch weltliche Reichsfürsten waren? Erst

[4] Die früheste Fundstelle gibt Johs. *Heckel* an (Festschrift für U. Stutz = Kirchenrechtl. Abhandlungen, Heft 117/118 (1938), S. 234.

der Reichsabschied von 1555 garantierte allen die Freiheit des Entschlusses.

Diese Befriedung wurde also nicht, wie in Spanien oder Italien, durch Unterdrückung eines Teils erreicht, sondern auf dem schwierigen Wege eines Vertragswerks. Zwar verblieb eine noch weitgehende *gemeinsame* religiöse Grundlage, aber diese war stark gemindert durch unvereinbare, für beide Teile *unaufgebbare* Verschiedenheiten. Die Einigung kam nur dadurch zustande, daß der Austrag der Gegensätze bis zu der (nach dem Text noch erhofften) Wiedervereinigung *suspendiert* wurde. Dieser *dilatorische* Charakter des Friedens ermöglichte beiden Teilen die Annahme, weil keiner seine Glaubenssätze aufzugeben brauchte[5]. Damit war es aber nicht getan. Denn die Lücke, die in der bisherigen vollen Gemeinsamkeit entstanden war, rief zwangsläufig das Bedürfnis nach neuen Regelungen hervor, weil zahllose Rechtsverhältnisse mit religiös-kirchlichen Fragen verflochten waren. Blieben die Bischöfe bei Religionswechsel weltliche Reichsfürsten, obwohl damit die kirchliche Grundlage ihrer Bischofswürde wegfiel? Was geschieht mit den zum Teil riesigen Klostervermögen, wenn die Ordensmitglieder zum Lutherischen Bekenntnis übergingen? Soll die sehr weitreichende Zuständigkeit der kirchlich-bischöflichen Gerichte in (heute als weltlich angesehenen) Sachen auch über Andersgläubige bestehen bleiben? Diese und viele andere Fragen mußten geregelt werden. In diesem großen Bereich traten also *anstelle nicht judikabler Glaubenssätze* vereinbarte *Rechtsregeln,* über deren Auslegung und Befolgung vor dem Reichskammergericht oder dem Reichshofrat gestritten werden konnte. Damit wurde der *Bereich des Rechts-(weg-)staates,* der das Reich auf weiten Gebieten schon vorher war, wesentlich *erweitert.* Blickt man nur auf das cuius regio, so werden diese Seiten der Vorgänge nicht wahrgenommen. Natürlich haben so große Neuerungen nicht alsbald reibungslos funktioniert. Es gab erbitterte Streitigkeiten über die Auslegung des Friedens, über die Praxis des Reichskammergerichts und besonders des Reichshofrates, zumal man bei wich-

---

[5] Das hat M. *Heckel,* der die Vorgänge in mehreren Arbeiten eingehend erforscht hat, besonders herausgearbeitet, s. die Zusammenfassung in dem Art. Reformation (Evgl. Staatslexikon, hersg. v. H. *Kunst,* R. *Herzog,* W. *Schneemelcher*) 2. Aufl. Berlin 1975, Sp. 2153 über die Bedeutung des Begriffs der Suspension und Sp. 2156 (Ziff. 10) über die Juridificierung.

tigen Punkten den Ausweg einseitiger „Nebenerklärungen" gewählt hatte, deren Verbindlichkeit umstritten war[6].

War es aber, soweit die Befriedung gelungen ist, vermöge des cuius regio nicht doch ein Frieden zwischen den *Obrigkeiten auf Kosten der Untertanen?* Der Kernsatz der Protestanten von 1529 enthält von einer Beschränkung der Religionsfreiheit auf Obrigkeiten nichts. Die oft angeführten Worte lauten: „In Sachen Gottes Ehre und der Seelen Seligkeit belangend muß ein jeglicher für sich selbst vor Gott stehen und Rechenschaft geben, also daß sich dabei niemand mit dem Handeln oder Beschließen einer Mehrheit oder Minderheit entschuldigen kann." Es lag in der Konsequenz dieser Worte, wenn die Lutherischen unter Führung von Sachsen und Brandenburg die Freigabe auch für die Untertanen verlangten. Das Ergebnis war folgendes: Für die Landesobrigkeiten blieb ein Recht zur Ausweisung Andersgläubiger bestehen, doch setzte der Vertrag gegen dieses Recht der Obrigkeit das *Recht zur Auswanderung* (einschließlich des Rechtes zum Verkauf der Güter und der Mitnahme des Erlöses), und zwar ausdrücklich als Ersatz für die (nicht zustande gekommene) Religionsfreiheit der Untertanen und daher als Recht des *einzelnen.*

Es ist mißverständlich, die damit geschaffene Rechtslage durch die Aussage zu kennzeichnen, den Landesobrigkeiten seien, etwa im Ketzerrecht, die bisher dem Kaiser zustehenden religiös kirchlichen Aufgaben zugewiesen[7]. Denn diese Kompetenzen erfuhren beim Übergang auf die Länder inhaltlich entschiedene Minderungen. Die *Pflicht* zur Ketzerverfolgung fiel fort; an ihre Stelle trat — mit durchgreifender Auswirkung auch auf die

---

[6] *Einseitig* wurde von König Ferdinand (der Karl V. bei den Verhandlungen vertrat) das sog. reservatum ecclesiasticum eingefügt, das von größter politischer Bedeutung war. Ein besonderes Beispiel hierfür hatte der vom Kölner Erzbischof H. v. Wied vorbereitete, von Karl V. mit allen Mitteln verhinderte Übertritt gebildet: Mit Sachsen, Brandenburg und der Pfalz hätten dann die Evangelischen eine Mehrheit von 4 : 3 im Kurfürstenkollegium gehabt. Daher das reservatum: Auch geistliche Reichsfürsten dürfen übertreten, *verlieren dann aber ihre Herrschaft.* — Einen Ausgleich sollte eine *Nebenerklärung* bilden: Geistliche Reichsfürsten dürfen Anhänger der Augsburger Konfession nicht vertreiben, die ihren Gottesdienst schon öffentlich ausüben (sog. Declaratio Ferdinandea).

[7] S. Bernd *Möller,* Deutschland im Zeitalter der Reformation (Deutsche Gesch. ed. J. Leuschner, Bd. 4) Göttingen 1977, S. 171. Das Buch ist m. E. eine hervorragende Darstellung, besonders in der umfassenden Verbindung der Religionskämpfe mit der politischen und sozialen Gesamtentwicklung.

Untertanen — das bloße *Recht* zur Ausweisung Andersgläubiger. Schon vor den weiteren Einschränkungen dieses Rechtes durch den Westfälischen Frieden sind de facto Angehörige des anderen Bekenntnisses in erheblichem Umfange auf Zeit oder auf die Dauer geduldet worden, und die Juristen der protestantischen Seite begannen bald mit dem Versuch, dieses factum in ein Recht auf Aufenthalt mit privatum exercitium religionis umzudeuten, falls sich die Andersgläubigen sonst still verhielten. Dahin ist dann die spätere Entwicklung auch gegangen. Einstweilen bestand von Reichswegen aber Zwangsgewalt zur Ausweisung, und sie ist namentlich in den Bistümern Würzburg und Salzburg unter Nichtanerkennung der Nebenerklärung König Ferdinands (vgl. Anm. 6) gegen Zehntausende ausgeübt worden. Auch solcher Auswanderungszwang wurde freilich de facto dadurch gemildert, daß die Reichskarte ein buntes Bild sehr vieler, oft konfessionell verschiedener Gebiete darbot.

Darin tritt ein anderer Zug des Rechtsstaats der Deutschen hervor, der *Föderalismus als ein Helfer der Freiheit,* freilich auch als eine Quelle provinzieller *Beschränktheit,* die sich im 17. Jhdt. verstärkte, als die Lebensverhältnisse durch den sog. Dreißigjährigen Krieg sehr gedrückt waren — ein Zug, der den Deutschen bis heute zu schaffen macht.

Nun wird auch das hier hervorgehobene Recht des einzelnen auf korrekte Auswanderung als wenig erheblich beurteilt. Dieses Urteil versteht sich allenfalls aus den Verhältnissen vor 1914. Nach den seither erlebten Vertreibungen in den folgenden Jahrzehnten wird man die Tragweite dieser Rechte richtiger einschätzen. Dazu hätte freilich schon der Vergleich mit anderen Ländern führen können: 1552 erließ Heinrich II. das Edikt von Chataubriant, das die Inquisition gegen die Hugenotten organisierte. Von 1562 bis zum Toleranzedikt von Nantes (1598) tobten die sog. Hugenottenkriege. Noch 130 Jahre nach dem Augsburger Frieden wurde bei Aufhebung des ohnehin vielfach durchlöcherten Toleranzedikts von Nantes im Jahre 1685 den Hugenotten die Auswanderung in das (noch französische) Canada verboten, während sie im Inneren stärksten Bekehrungsdruck ausgesetzt waren, der von den sog. Dragonaden (schikanösen Einquartierungen) über die Galeerenstrafe bis zu Mitteln reichte, die erst im 20. Jhdt. wieder entdeckt worden sind wie den sog. vieilles forcées (d. h. tagelangem erzwungenem Wachen). In England wurde, nach vielen inneren Kämpfen, einer langen Kette von Hinrichtungen politischer Führer (und Anderer) aus religiösen Gründen und nach massenhaften, religiös begründeten Emigrationen (die England noch im 17. Jhdt. ein Drittel seiner Bevölkerung gekostet haben sollen) erst *1689* durch den Einmarsch Wilhelms von Oranien eine dauernde innere Befriedung erreicht. Ohne daß man auch solche Vergleiche heranzieht, wird man zu keinem realistischen Urteil kommen.

Aber wird das Augsburger Einigungswerk *nicht trotzdem überschätzt,* wenn man es als ein wichtiges Glied innerhalb der Entwicklung des Rechtsstaats kennzeichnet? Zwei Generationen später brach der *Dreißigjährige Krieg* zwischen den beiden angeblich befriedeten Konfessionen aus. Und war der Friede etwa von Anbeginn *ein Kompromiß auf Kosten eines gemeinsamen Gegners,* wenn nicht aller Untertanen, so doch der sog. Täufer oder Schwärmer, einer Jahrhunderte alten, bald hervortretenden, dann wieder unterdrückten, aber unterirdisch fortlebenden Bewegung gegen die etablierten Kirchen, die mit der lutherischen Bewegung wieder hervortrat und sich zunächst weithin mit ihr sogar identisch glaubte? Dieser gleichzeitige Aufbruch und die folgende Trennung werfen Fragen auf, die für heutige Auseinandersetzungen von so großem Interesse sind, daß ich versuche, diese Vorgänge in Kürze zu beschreiben.

Gemeinsam war allen Täufern[8] der Glaube an die Möglichkeit unmittelbarer innerer, göttlicher Erleuchtung, die dem einzelnen unerschütterliche Gewißheit über Wesen und Auftrag des Menschen vermittelte; aber sie teilten sich, weil die einen dadurch zu der Gewißheit geführt wurden, daß sie das Reich Gottes auch mit Gewalt gegen die Widerstrebenden herbeiführen müßten, die anderen dazu, daß sie, um alle Kompromisse mit den weltlichen Machthabern zu vermeiden, eigene Lebensformen aufbauen und außer dem Eide auch die Übernahme öffentlicher Ämter ablehnen müßten. Diesem Verlangen, nach den Maßstäben des eigenen Gewissens zu leben, schienen Worte Luthers entgegenzukommen: „Über die Seele kann und will Gott niemand lassen regieren denn sich selbst allein. Darum, wo

[8] Die Ausdrücke Täufer, Schwärmer und auch Spiritualisten sind nicht eindeutig gegeneinander abgegrenzt.

weltliche Gewalt sich vermesset, der Seelen Gesetz zu geben, da greift sie Gott in sein Regiment und verderbt nur die Seele." Auch könne nur Gott, nicht aber ein weltliches Gericht in die Seele sehen. „Darum es umsonst und unmöglich ist, jemand ... zu zwingen, so oder so zu glauben. Die Gewalt tuts nicht." „Ketzerei kann man nimmermehr mit Gewalt wehren und ist hier ein anderer Streit und Handel denn mit dem Schwert." „Daß Ketzer verbrannt werden, ist wider den heiligen Geist." — Diese Sätze — bis auf den letzten aus der Schrift „Von weltlicher Obrigkeit, wieweit man ihr Gehorsam schuldig sei" vom Jahre 1523 — sind bei der ungeheueren Verbreitung seiner Schriften durch Luther weithin zu Gehör gebracht worden. Die Toleranzforderung beruht hier auf dem Gedanken, daß die weltliche Gewalt nicht in das Wirken des Geistes Gottes eingreifen kann und darf, welches allein dem Menschen sein wirkliches Heil vermitteln kann. Aber dieser Geist wirkt nach Luther nicht so, daß er den *einzelnen unmittelbar* erleuchtet, sondern indem er das schon gestaltgewordene Wort Gottes lebendig macht. Nur dadurch gewinnt der Mensch Erkenntnis seiner tatsächlichen Lage und Kraft zum Handeln in wirklicher Freiheit.

Schon die Verstrickung des gewaltbejahenden Teils der Täufer in die Bauernunruhen (und später erst recht die Verwirklichung kommunistischer Gedanken durch das Münster'sche Täuferregime von 1539) führten dazu, daß auf den Speyerer Reichstagen von 1528 und 1529 erst vom Kaiser, dann vom ganzen Reichstage Sondergesetze ergingen, die allen Täufern Leibes- und Lebensstrafe und allen Landesobrigkeiten den Bann androhten, wenn sie das Vergehen gegen die Täufer unterließen. Es handelte sich also — anders als im kirchlichen Ketzerprozeß — um Delikte und Verfahren des *weltlichen* Rechts ebenso wie die Gotteslästerung in Art. 106 der Carolina von 1532 — nach älterem Vorbild — *weltliches* (allerdings nicht genau definiertes) Delikt wurde.

Sehr bald wurde Luther vor die Frage gestellt, ob er seine vorhin mitgeteilten *theologischen* Sätze in der Weise in weltliches Recht umsetzen solle, daß die genannten Gesetze gegen die Täufer von der *weltlichen* Behörde aus theologischen Gründen nicht durchgeführt werden durften. Luther legte seine Ansicht in Form einer Auslegung des 82. Psalms vor, die im April

1530 gedruckt wurde. Die erste Auflage war schon am 3. Juni vergriffen[9]. Offenbar wurde Luthers Stellungnahme mit Spannung erwartet im Blick auf den unmittelbar bevorstehenden Beginn des Augsburger Reichstages von 1530, auf dem die Lutheraner ihre Confession überreichten (die in Art. 17 ausdrücklich die Beteiligung auch an der Ausübung von Ämtern mit Rechtszwang bejaht). Sie hofften — allerdings mit gänzlichem Fehlschlag bei Karl V. — eine Anerkennung zu erreichen.

Luthers Stellungnahme ist, zumal seit Beginn dieses Jahrhunderts, Gegenstand teilweise heftiger Auseinandersetzungen. Er hat es nämlich abgelehnt, das Vorgehen gegen die Täufer für unzulässig zu erklären, ist allerdings in erster Linie (falls kein glaubhafter Verzicht auf jegliche, auch private Propaganda zu erreichen sei), für Landesverweisung eingetreten, hat schließlich aber (mit einem etwas zögernden Zusatz) ein Gutachten Melanchthons gebilligt, daß auch die in den Reichsbeschlüssen vorgesehene Todesstrafe in Betracht komme.

Hieraus ist von katholischen und evangelischen Theologen gefolgert worden, daß Luther und die lutherische Kirche da, wo sie zur Landeskirche geworden seien, die früher verkündeten Grundsätze verlassen hätten. Vor allem Ernst *Troeltsch* hat in seinen „Soziallehren der christlichen Kirchen und Gruppen“[10] damit seine These belegt, daß Luther und die Reformation noch zum Mittelalter gehörten, weil sie an dem Begriff *einer* geoffenbarten absoluten Wahrheit und an dem Begriff der Kirche als objektiv notwendiger Heilsanstalt mit Zwangsmitgliedschaft (im Gegensatz zum Typus der Freikirche als eines freiwilligen Zusammenschlusses) festgehalten hätten. Das Buch hat im In- und Auslande auch auf Historiker und Soziologen eine ganz ungewöhnliche Wirkung ausgeübt, und zwar bis in unsere Tage, obwohl die ganze seither erwachsene wichtige Forschungs- und

---

[9] S. die Angaben bei dem Abdruck in der Weim. Lutherausgabe, Bd. 30, 1. Hälfte, S. 185 f.

[10] Unter Verarbeitung früherer Aufsätze als Buch erstmals erschienen Tübingen 1912. Vgl. den ganzen Abschnitt über das Luthertum als religionssoziologischen Typus, darin besonders die große Anm. S. 473 ff. Tr. folgt z. B. M. S. *Bates*, Glaubensfreiheit (übers. von R. Honig) New York 1947, S. 226, 317. S. auch unten Anm. 28. — Von katholischen Autoren s. bes. J. *Lecler*, Geschichte der Religionsfreiheit im Zeitalter der Reformation, Stuttgart 1965 I 250 ff. und Nik. Paulus, Protestantismus und Toleranz im 16. Jhdt., Freiburg/Br. 1911, 31 ff.

Editionsarbeit darin natürlich nicht berücksichtigt ist. Unverkennbar ist es im Geiste der vor 1914 verbreiteten kulturellen Selbstsicherheit geschrieben. Daß die Fragestellungen des 16. Jhdts. seit der Entwicklung des modernen Toleranzbegriffs durch die *Vernunftrechter* des 17. und 18. Jhdts. überholt seien, erschien selbstverständlich. Die Folge war, daß bei Troeltsch und seinen liberalprotestantischen Nachfolgern[11] eine wesentliche Vorfrage vernachlässigt wurde: wieweit ein gewisses Maß an weltanschaulicher Gemeinsamkeit schon für den äußeren Bestand jedes Gemeinwesens notwendig sei. Man legte wenig Gewicht darauf, daß auch Vorkämpfer der Toleranz wie Spinoza, Locke und schon früher Milton die Notwendigkeit eines Minimums von Gemeinsamkeit, auch in religiöser Hinsicht, festgehalten hatten, wenn auch mit verschiedenen Begründungen und in unterschiedlichem Umfange, ob z. B. nur Atheisten oder, wie bei Milton und lange auch in der englischen Praxis, auch „Papisten" (wegen Verdachts der Konspiration mit Spanien oder Frankreich) in ihrer öffentlichen Glaubensübung, aber auch ihren weltlichen Rechten beeinträchtigt oder davon ausgeschlossen bleiben sollten. Das trat zurück gegenüber der Tatsache, daß die Vernunftrechtler, ohne Rücksicht auf angeblich geoffenbarte oder auf kirchliche Lehrautorität gegründete Wahrheiten, die notwendige Gemeinsamkeit auf das *Vernunftnotwendige* beschränkten, also Erweiterung des Freiheitsraumes forderten, und dieser allmählich auch errungen wurde. Zwar hatte schon Luther viele Gebote oder Zeremonien für nicht heilsnotwendig erklärt und dadurch vielen Menschen ein Gefühl der Befreiung vermittelt. Auch hatte er die notwendige Gemeinsamkeit auf die frühchristlichen ökumenischen Bekenntnisse beschränkt — anders wäre der Frieden mit den Katholiken nicht möglich gewesen — das alles aber nur in den durch den Offenbarungsglauben und die (frühchristliche) Tradition gezogenen Grenzen.

Inzwischen — um wenigstens diese Seite der weiteren Entwicklung zu erwähnen — erscheint es nicht mehr so sicher, daß durch die Berufung auf die Vernunft immer neue Freiheitsräume erschlossen werden. Die Vernunft tritt immer mehr im

---

[11] Z. B. Walter *Köhler*, Reformation und Ketzerprozeß, Tübingen 1901, ebenso aber auch Paul *Wappler*, A. Ketzerprozeß und Inquisition in Zwickau, Leipzig 1908 und die meisten Bücher über diese Fragen.

Gewande rational-methodischer Wissenschaft auf und deren Kritik hat auch vor grundlegenden Begriffen des Vernunftsrechts wie der geistig-sittlichen Autonomie jedes einzelnen nicht haltgemacht, soziologische und psychologische Kritik hat die empirische Erweislichkeit dieser Autonomie, die philosophische Kritik deren zwingende rationale Evidenz in Zweifel gezogen. Auf der anderen Seite hat diese Wissenschaft auch im Bereich des Soziallebens rationale Gesetzlichkeiten entdeckt. Aufgrund dessen sind Lehren für die Gestaltung des Soziallebens entwickelt worden, deren Durchsetzung auch im Wege des Rechtszwanges zum Glück der Menschen für notwendig erklärt worden ist, und zwar mit der Berufung auf ihre wissenschaftliche Erweislichkeit, auch mit dem Ausschluß freier Diskussion dieser Begründung. Aber auch ein Vernunftrecht, das solche Großgebilde nicht entwirft, entgeht nicht der Frage, ob und wieweit (für seinen begrenzteren „Minimalkonsens") das Überzeugen mit Vernunftgründen durch Rechtszwang ersetzt werden kann.

Von manchen Schriftstellern wird auch noch heute der Einfluß Luthers auf die Entwicklung des Rechtsstaatsgedankens und auf dessen praktische Durchführung hoch bewertet[12]. In jedem Fall beleuchtet die Auseinandersetzung hierüber auch die heutige Lage. Deshalb gehe ich kurz darauf ein. Die Äußerungen Luthers, in denen man ein Abgehen von seiner früheren Stellungnahme erblickt, stammen aus der Zeit, als er sich durch den Fortgang der Dinge vor die Frage gestellt sah, was seine damals verkündeten *theologisch* begründeten Sätze in der *Sphäre des weltlichen Rechts* bedeuteten[13]. In seiner „Vermahnung zum Frieden auf die 12 Artikel der Bauern in Schwaben" sagt Luther: „Obrigkeit soll nicht wehren, was jedermann lehren und glauben will, es sei (wahres) Evangelium oder Lüge; ist genug, daß sie wehret, Aufruhr und Unfrieden zu lehren." Was hieß und heißt das für die weltlichen Regierungen?

---

[12] Besonders in der umfangreichen, an E. *Troeltsch* anschließenden in- und ausländischen Literatur, vgl. Anm. 10, darunter dem (seit 1959 in 5 Auflagen erschienenen) Buch von H. *Plessner*, Die verspätete Nation.

[13] Zu Recht betont E. W. *Böckenförde* in seiner Einleitung zur „Erklärung über die Religionsfreiheit" des 2. vatikanischen Konzils, Münster/W. 1968, die allgemeine Wichtigkeit dieser Fragestellung. Wenn er sich (ohne eigene Begründung) der Ansicht anschließt, daß auch Luther an den vorher herrschenden Ansichten nichts geändert habe (S. 6), so kann ich das nach dem im Text Ausgeführten nicht für richtig halten.

Luther hat, wie gesagt, die Zulässigkeit von Rechtszwang gegen die Täufer bejaht und das damit begründet, daß deren Wirksamkeit den *äußeren Rechtsfriedens* bedrohe, und zwar nicht nur, wenn sie offen den Umsturz predigten. Die Erfahrung zeige, daß auch ihre Predigt gegen Eigentum, z. T. auch gegen Ehe, vor allem aber gegen die Legitimität der öffentlichen Gewalt leicht in offene Störung des Rechtsfriedens umschlagen könne. Nun ist nicht zu bezweifeln, daß viele Täufer aus Glaubens- und Gewissensverpflichtung gepredigt und gehandelt haben. Droht man ihnen an, sie des Landes zu verweisen, oder führt das zwangsweise durch, so ist dies Vorgehen *zweideutig:* Es kann dem Schutz des Rechtsfriedens dienen, es *kann aber zugleich als Glaubenszwang nicht nur erscheinen, sondern auch wirken.* Wenn der Reichstag, die Landesherren und dann auch Luther in der Tat auf den Schutz des Rechtsfriedens zielten, bleibt die weitere Frage, ob sie die Gefährlichkeit z. B. der bloßen Täuferpredigt überschätzt haben[14]. Nur betrifft das *nicht* die von Troeltsch u. a. aufgeworfene Grundsatzfrage, sondern die richtige Beurteilung der tatsächlichen Lage.

Es ist also unrichtig, schon aus der Zulässigkeit von Rechtszwang auf Glaubenszwang im mittelalterlichen Sinne zu schließen. Was Luther betrifft, müßte dazu nachgewiesen werden, daß er seinen ersten Grundsatz aufgegeben hätte, daß nämlich kein Rechtszwang (auch nicht in Form der Zwangsmitgliedschaft in einer Kirche) dem Menschen das Heil vermitteln könne. M. E. hat K. Holl jedenfalls darin recht, daß Luther an diesem Grundsatz festgehalten hat[15]. Für unsere Betrachtung kommt es nicht auf Luther selbst, sondern auf die möglichen Wirkungen seiner Lehre an. *Wirkungsgeschichtlich* betrachtet, ist es sicher, daß Luther bei der ungeheuren Verbreitung seiner Schrif-

---

[14] So schrieb z. B. Kurfürst Philipp v. Hessen wegen eines Falles an den sächsischen Kurfürsten, er halte das sächsische Vorgehen für überzogen; vgl. Paul *Wappler,* Die Stellung Kursachsens und des Landgrafen Philipps v. Hessen zur Täuferbewegung, Münster 1910 (= Ref. gesch. Studien und Texte, H. 13).

[15] Gesammelte Aufsätze Bd. 1 (7. Aufl. Tübingen 1948), S. 367 Anm. 1. Zu der lebhaften Diskussion über Luthers Stellung zu den Täufern ist aus der neueren Literatur besonders hinzuweisen auf den Aufsatz von Thomas *Nipperdey:* Theologie und Revolution bei Thomas Müntzer, Arch. f. RefGesch. Bd. 54 (1963), Wiederabdruck in dem Sammelband: Wirkungen der deutschen Reformation bis 1555, hrsg. von W. Hubatsch, Darmstadt 1967, S. 236—285.

ten[16] den vorhin zitierten Gedanken über die Grenzen weltlicher Obrigkeit eine länderweite Wirkung verschafft hat. Für die *weltliche Praxis* hat er hinzugefügt, daß die Obrigkeit den Rechtsfrieden *auch dann* zu schützen habe, wenn sich ihre Maßnahmen gegen Gefährder des Rechtsfriedens richteten, die subjektiv aus Glaubens- oder Gewissensgründen handeln. Damit gehört Luther zu den Begründern der neuzeitlichen staatsrechtlichen Toleranzlehre, über die man im Prinzip bis heute nicht hinausgelangt ist.

Bei manchen liberalprotestantischen Schriftstellern scheint die Beurteilung dieser Auswirkungen auch dadurch getrübt zu sein, daß sie die eigenen Auseinandersetzungen mit orthodoxen Strömungen ihrer Zeit in das 16. Jahrhundert projizieren; *Wappler* (Anm. 11) weist darauf hin, daß in die Wittenberger Fakultät besonders durch Melanchthon ein intoleranter Geist eingezogen sei.

Es mag von Enteresse sein, hierüber ein Urteil *Giordano Brunos* zu hören, der auf seiner Wanderschaft durch Europa 1586/87 auch in Wittenberg gelesen hat. Wittenberg war durch Luther und Melanchthon für 100 Jahre zur größten, aus dem In- und Ausland besuchten Universität geworden. Als Bruno von dort (über Prag) an die — ebenfalls lutherische — Universität Helmstedt überwechselte, veranstaltete man für ihn am 8. März 1588 einen akademischen Festakt in Wittenberg. Nach philosophischen Ausführungen rühmt Bruno in seiner „oratio valedictoria" mehrere Vertreter des deutschen Geistes (dessen Zeitalter angebrochen sei): Albertus Magnus, Nicolaus v. Cues, Paracelsus und geht dann ausführlich auf Luther ein, der dem Grauen erweckenden Feinde unbewaffnet entgegengetreten sei und den Sieg nicht mit dem Knüppel, sondern mit dem Worte und der Feder erkämpft habe, „Hier also hat die Weisheit sich ihr Haus erbaut... hierher ruft sie alle, zu kommen, und sie sind gekommen aus jedem Stamme des civilisierten Eurpoa... unter ihnen bin auch ich gekommen... Ich habe die in ihrer Bildung so vervollkommneten, nicht bäuerischen oder barbarischen Deutschen kennengelernt, als ich, um eure Hallen zu durchwandern, zu euch gelangt war; ein Ausländer, ein Heimatloser, ein Entlaufener, ein Spielball des Schicksals, von Gestalt

[16] Die erstaunlichen Zahlen nach dem heutigen Forschungsstande s. bei B. *Möller* (Anm. 7), S. 88 ff.

ein Zwerg, ohne Besitz und Protektion, vom Haß der Menge bedrängt ... Ihr, höchst gelehrte, ehrwürdige und freundwillige Senatoren habt keine Verachtung bezeigt, und mein Streben, das dem Eurigen auch nicht gänzlich fremd ist, nicht völlig verworfen, sondern ihr habt (meine) philosophischen Freiheiten geduldet, ein Beispiel eurer ausgezeichneten Humanität ... Ihr habt mich in euren Hallen fast zwei Jahre begünstigt, habt mich mit wahrhaft jupiterhafter Gesinnung geduldet und meinen Feinden in keiner Weise euer Ohr geliehen, so daß ich für euch schließlich nichts anderes habe sein können als eine Gelegenheit und ein Gegenstand, an dem ihr die Reichtümer eures Taktes, eurer Urbanität und eurer Langmut beispielhaft entfaltet und vor der Welt bezeugt habt."[17] Auch wenn man von dieser lateinischen Rhethorik einige Abstriche macht, bleiben die Tatsache des akademischen Aktes für Bruno und der ganze Ton seiner Rede davon unberührt.

Der *andere Zweifel* an der Wirksamkeit des Augsburger Friedens bestand darin, daß er den Ausbruch des sog. Dreißigjährigen Krieges nicht verhindert habe. Dafür ist freilich zu unterscheiden der innerdeutsche Streit und der Krieg zwischen Habsburg und Schweden (seit 1630) bzw. Frankreich (seit 1635). Nur bei der Entstehung des innerdeutschen Streits handelt es sich um ein Versagen des Augsburger Friedens. Allerdings war *dieser* Streit auch nicht einfach ein Krieg im gewöhnlichen Sinne. Die Parteien stritten weitgehend über die Auslegung des Friedens (oder anderer, vergleichbarer Traktate für Böhmen), oder über die Rechtmäßigkeit der Maßnahmen des Kaisers gegen Friedrich von der Pfalz (s. sogleich). Manches, was heute als kriegerischer Waffengang angesehen wird, wurde als Vollstreckungsmaßnahme angesehen oder ausgegeben[18] (ob zu Recht oder Unrecht ist eine andere Frage). Deshalb konnten auch Verhandlungen zwischen den evangelischen und katholischen Reichsständen bzw. dem Kaiser weitergehen, auch während des „Krieges" wurde Fürsten- oder Reichstag abgehalten, wurde Kaiserwahl vorgenommen u. a. m. Diese rechtsstaatlichen Verhandlungen

---

[17] Übersetzung nach dem Druck der oratio valedictoria von 1588 in der Göttinger Bibliothek. Ein Hinweis auf die Rede in dem Artikel von H. *Knittermeyer* über Bruno in dem Lexikon: Die Religion in Geschichte und Gegenwart (3 Aufl. Tübingen 1957).

[18] Darauf macht M. *Heckel*, a. a. O. (Anm. 5) Sp. 2151 aufmerksam.

waren nicht einfach einem inter arma silent leges gewichen. Der größte Teil der lutherischen Stände kam schon 1635 im Prager Frieden zu einer Einigung mit dem Kaiser. Schließlich bildete der Augsburger Frieden auch die Grundlage für die Einigung im Westfälischen Frieden, die in einem weiteren Ausbau des Augsburger Einigungswerkes bestand.

Für uns kommt es in erster Linie auf die *Entstehung des innerdeutschen Streits* an. Das führt auf eine weitere (oft weniger beachtete) *Seite des Toleranzproblems.* Bekanntlich ist es zum offenen Konflikt zuerst in Böhmen gekommen. Wie in vielen Ländern Europas kam es auch dort zu einem Machtkampf zwischen den (großenteils adeligen) Ständen und dem aufkommenden zentralistischen Absolutismus der Krone. Dieser Kampf der Stände um ihre Rechte verquickte sich vielfach mit den religiösen Auseinandersetzungen. In Frankreich kam es mehrfach zu Verbindungen der Hugenotten mit der Opposition der großen Kronvasallen. Von deren schließlicher Niederlage wurden deshalb die Hugenotten mitbetroffen. In Böhmen wählten die Stände gegen den Habsburger den (reformierten) Kurfürsten Friedrich von der Pfalz zum König und griffen zu den Waffen. Ihnen schlossen sich unter dem Einfluß des stark calvinistisch beeinflußten Georg von Tschernembl auch die lutherisch gewordenen ober- und niederösterreichischen Stände an. Mit dem völligen Mißerfolg dieses Unternehmens, der Flucht und Ächtung Friedrichs von der Pfalz und der Hinrichtung vieler Mitglieder des böhmischen Adels war auch der Sieg der sog. Gegenreformation in Böhmen besiegelt, in Österreich erlitt die weit fortgeschrittene lutherische Bewegung schweren Eintrag.

Diese *Verquickungen* des Kampfes um *politische und um religiöse Rechte* oder Freiheiten widersprachen der Meinung Luthers. Er hatte lange davor gewarnt, zur Verteidigung des reformatorischen Glaubens gegen den Kaiser zu den Waffen zu greifen. Was Luther zu einer Politik des Friedens nach außen führte, hing eng mit der Begründung seines Toleranzgedankens nach innen zusammen: Daß nicht Rechtszwang, sondern nur Geist und Wort Gottes den Menschen zum Heil führen können. Dieser Satz war die Folge eines anderen: daß der Mensch sich nicht durch eigene Aktivität das Heil verschaffen könne, weil auch sein sog. guter Wille und deshalb auch seine Taten immer zweideutig, nämlich immer durchsetzt seien mit dem Streben, sich selbst zur Geltung zu bringen. Deshalb bleiben sie nach Luther hinter der Unabdingbarkeit und Unbedingtheit der göttlichen Gebote immer zurück. Die *politische Konsequenz* ist: Es kann *keinen heiligen Krieg* geben, denn auch das ursprünglich reinste religiöse Wollen verquickt sich mit weltlichem Machtwillen. Damit wurde eine tausendjährige Lehre in der Wurzel angegriffen, nämlich die vom hl. Augustin zwar nur zögernd angenommene, aber seitdem herrschende Maxime vom Compellere (oder cogere) intrare: Nötiget sie, hereinzukommen. Diese Maxime hatte dann für den *Bekehrungszwang* nicht nur gegen abgefallene Ketzer (bei Augustin: die „Donatisten"), sondern auch gegen die Heiden[19] (in der ostdeutschen und der spanischen Kolonialpolitik) als Rechtfertigung gedient.

Nach Luther wäre das „Gott mit uns" auf den Koppelschlössern der früheren preußischen Armee unzulässig, wenn es einen Krieg in der Weise als heilig bezeichnen sollte, wie das in den gewaltigen Bitt- und Dankeshymnen aus den niederländischen Befreiungskriegen gegen die Spanier geschieht: Gott wollte, es sollte das Recht siegreich sein ... stehe uns fernerhin bei, daß Deine Gemeinde nicht Opfer der Feinde ... Auch Oliver Cromwells gewaltige Wirksamkeit hatte einen Grund darin, daß er, manchmal in langem Gebetsringen, die Gewißheit erlangte, daß Gott auch bei seinen militärischen Aktionen, z. B. gegen die katholischen Iren, auf seiner Seite stehe.

Nach Luther kann ein Krieg gerecht oder ungerecht (nach irdischen Maßstäben) sein. Aber: auch der nach irdischem Maßstab gerechte Krieg hat *keine göttliche Garantie des Erfolges.* Daß Gott meist bei den stärksten Bataillonen sei, hat schon Luther gesagt; „Gott hilft meist dem Stärksten."

Aus all dem folgt ebenso, daß es *keine heilige Revolution* geben kann. Daß alles menschliche Handeln in dieser Weise an der Unbedingtheit des göttlichen Gebots gemessen wird, bedeutet eine *ungeheure Relativierung:* Auch keine Verfassung oder Rechtspracis (also auch nicht die Form des Rechtsstaats), hat heilbringenden Charakter, denn sie kann nicht das gewährleisten, was Luther die Freiheit eines Christenmenschen nennt.

---

[19] S. H. D. *Kahl,* Compellere intrare, in dem Sammelband (ed. H. Beumann): Heidenmission und Kreuzzugsgedanke in der deutschen Ostpolitik des Mittelalters, 2. Aufl. Darmstadt 1973.

Trotz dieser Relativierung ist nach Luther der äußere *Rechtsfrieden* ein sehr *hohes Gut*, und dessen Wahrung durch die Obrigkeit sei darum eine gottgewollte Aufgabe[20]. Wie verhält sich das zu jener Relativierung? Die Erfahrung zeigt, daß Gott oft die nach menschlichen Begriffen Guten scheitern und die Bösen gewinnen läßt. Selbst bei den mit gutem Willen begonnenen Werken kommt oft Böses heraus (wie das J. P. Sartre in seinem Stück: „Der Teufel und der liebe Gott" schildert, das insoweit lutherischem Gedankengut entspricht). Die soziale Welt ist — so wenig wie der einzelne Mensch für sich — ein harmonisches, aus sich selbst funktionierendes System. Vor diesem — realistischen oder pessimistischen — Hintergrund ist schon der äußere Rechtsfrieden eine hohe Errungenschaft. Das irdische Recht ist das Mittel, sozusagen der Inbegriff einer Kunstlehre zur Schaffung und Bewahrung des Friedens. Zu ihm gehört nach Luther die Einsicht, daß dieses Ziel ohne Rechtszwang gegen Friedensstörer nicht zu erreichen ist.

Daß der äußere Frieden ein hohes Gut ist, darf nach Luther aber nichts davon abtun, daß er mit dem eigentlichen Heil und der wahren Freiheit des Menschen nicht verwechselt werden darf. Die jeweils zugehörigen Argumente liegen in verschiedenen Bereichen (was bei Zitaten aus Luther nicht immer beachtet wird). Es gibt seit langem zum Teil heftige Diskussionen darüber, ob Luthers Versuch, diesen beiden Betrachtungsweisen ihr Recht zu lassen, nicht darauf hinauslaufe, den Menschen zu zerteilen: im Dienste des äußeren Rechtsfriedens, besonders also als obrigkeitliche Amtsperson, müsse er Rechtszwang anwenden, als Christ solle er leiden und dulden. Das laufe in der Praxis darauf hinaus, daß dieser Christ der Untertan sei, der auch das Unrecht der Obrigkeit zu dulden habe. Diese mit großem Widerhall von E. *Troeltsch* entwickelte These ist m. E. ein Fehlgriff, nicht nur weil die seither erwachsene Forschung gezeigt haben dürfte, daß sie Luthers Lehre falsch wiedergibt[21], sondern weil sie ein anderes, darin enthaltenes Problem ver-

---

[20] Oft ist dieser Gedanke irrig als das Hauptstück der Staatslehre nicht nur des späteren Luthertums, sondern schon Luthers selbst ausgegeben worden. Dagegen nachdrücklich auch *Troeltsch* (Anm. 10) 594 ff.

[21] Dieser Nachweis ist m. E. erbracht, zuletzt durch die umfassendste neuere Darstellung von Johs. *Heckel*, Lex charitatis. Eine juristische Untersuchung über das Recht in der Theologie Luthers, 2. erw. Aufl. hrsg. v. M. *Heckel*, Darmstadt 1973.

deckt, das auch heute von großer Bedeutung ist (siehe den letzten Teil dieses Vortrages). Luther nämlich erklärte, daß Ausübung von Rechtszwang und Liebesgebot sich dann nicht widersprächen, wenn der Rechtszwang der Erhaltung des Friedens, d. h. des Lebens diene, also zugleich im Dienst des Nächsten stehe. Daraus leitet er seine Anforderungen an die Amtsführung ab[22]. Aber damit ist noch nicht die Frage beantwortet, wie weit die Förderung des äußeren Lebens und Friedens als Rechtfertigung des ganzen Rechtes und des Staates ausreicht, und diese Frage wird auch heutzutage immer bedeutsamer.

Was immer Luther darauf zu antworten hatte: alles Lob des Rechtsfriedens und der Obrigkeit als ihres Sachwalters hebt für ihn nicht auf, daß auch Regieren und Rechtszwang-üben der *Zweideutigkeit* und Gefährdung allen menschlichen Handelns unterliegt. Kaum jemand hat das mit größerer Schärfe gesagt. Im Jahre 1821 sollte Luthers Auslegung des 82. Psalms (siehe Anm. 9) neu herausgegeben werden, in der Luther die Zulässigkeit des Rechtszwanges gegen die Täufer mit Sätzen begründet, die oft zitiert werden. Der Herausgeber namens Haupt glaubte das Büchlein angesichts der auf den ersten Seiten stehenden schneidenden Kritik an den Fürsten nur so durch die damalige Zensur (nach den Karlsbader Beschlüssen) bringen zu können, daß er im Vorwort bemerkte, die Leser könnten sich freuen, heute nicht mehr unter solchen Fürsten zu leben[23]. Denn Luther hatte eben auch eingeprägt, daß das Regieren sein inneres Recht nur dadurch empfängt, daß es Dienst am Nächsten ist, und von daher hat er seine Kritik an den Fürsten entwickelt.

Die Möglichkeit einer Nachwirkung der Lehren Luthers in Deutschland kommt hauptsächlich in folgenden Punkten in Betracht: 1. Hat Luthers Betrachtungsweise, die Recht und Staat ernüchternd relativiert, einerseits dahin gewirkt, daß spätere Staatskritiken als weniger revolutionär empfunden wurden als außerhalb seines Wirkungsbereichs; andererseits dahin, daß der Einsatz religiöser Energien für rechtsstaatliche Verfassungsformen gemindert wurde? — 2. Können Luthers Lehren dahin

---

[22] Natürlich gibt es weitere, damit noch nicht beantwortete und an dieser Stelle nicht verfolgbare Fragen, z. B. ob für L. nicht auch die „Untertanen" Mitträger des Rechtsfriedens sind.

[23] S. die Nachweise Weim. Ausg. Bd. 31 I, S. 185.

gewirkt haben, daß Absolutismus und Feudalismus in Deutschland nicht durch eine Revolution beseitigt worden sind?

Der Nachweis solcher Wirkungen ist immer sehr schwierig. Sicher ist, daß er nicht durch Bücher vermittelt zu sein braucht, also nicht nur aus dem Schrifttum nachgewiesen werden kann. Lutherische Predigt, Katechismus und Unterricht haben jahrhundertelang auf einen großen Teil der Deutschen gewirkt. Wiederum stehen daneben Lehren und Wirkungskräfte ganz anderer Art. Die folgenden Bemerkungen können diese weitreichenden Fragen nicht beantworten. Sie sollen nur auf einige, heute oft weniger beachtete Seiten der Entwicklung des Rechtsstaats in Deutschland hinweisen.

Bei der *Frage nach der ausgebliebenen Revolution* denkt man meist an die französische von 1789, vielleicht auch an die englische Revolution von 1689 mit der Absetzung des letzten Stuart-Königs Jacobs II. oder schon an die Hinrichtung Karls I. im Jahre 1649 in der Zeit Oliver Cromwells. Manchmal wird sogar das Fehlen einer solchen Königshinrichtung in der deutschen Geschichte bedauert. Was man in der Sache vermißt, ist einmal der Übergang zur *Mitwirkung* der Untertanen an der Regierung, zum anderen die Festlegung der *Menschen- und Bürgerrechte.*

Die Deklarationen der Menschen- und Bürgerrechte sind Marksteine der amerikanischen und französischen Geschichte, ihre spätere Deklaration in Deutschland ist kein Vorgang von gleicher Eindringlichkeit. Man kann gegen die Hochschätzung dieser Deklarationen einwenden, daß sie oft nur Papier geblieben seien; mit dem heute oft gebrauchten Ausdruck: die Verfassungswirklichkeit sei hinter der Verfassung zurückgeblieben. Aber feierliche Deklarationen haben schon oft als solche ihr Gewicht bewiesen, gerade dann, wenn sie ihrer Verwirklichung vorauseilten, nicht anders als ich das vorhin von Gedanken gesagt habe, die in Luthers Büchern weit verbreitet worden sind. Eine realistische Geschichtsbetrachtung darf solche Widersprüche aber nicht übergehen. Man braucht nur an so bekannte Tatsachen zu denken wie die, daß noch viele Jahrzehnte, nachdem alle Menschen feierlich als von Natur frei geboren erklärt waren, in großen Teilen der Vereinigten Staaten die Sklaverei als Rechtsinstitut fortbestand. Auch ist zu den Grundrechten im ganzen schon oft bemerkt worden, daß zum Beispiel die allgemeine Erwerbsfähigkeit oder der allgemeine Zugang zu den Gerichten für die Mehrzahl der Bürger nur eine äußerliche Gleichheit begründeten, weil dadurch die einzelnen noch keineswegs zur tatsächlichen Ausnutzung dieser Möglichkeiten instand gesetzt seien. Unter solchen Gesichtspunkten noch einige vergleichende Bemerkungen zu der ausgebliebenen Revolution der Deutschen.

In Frankreich (zeitweilig übrigens auch in England) spielte vor 1789 bekanntlich der Kampf gegen den Klerus, dessen Lebenshaltung, Steuerprivilegien und andere Vorrechte eine große Rolle. In Deutschland war er großenteils längst geführt, teils schon im Verlauf der Reformation, in anderen, z. B. den österreichischen Reichsteilen, spätestens durch das staatskirchenrechtliche System, das Josef II. (1780—1790) am stärksten repräsentiert. Das cuius regio war reichsrechtlich schon durch den Schutz der Religionsausübung nach dem Stande vom 1. Januar 1624 im Westfälischen Frieden stark eingeschränkt. In Preußen war es seit dem Erwerb calvinistischer Gebiete im Anfang des 17. Jahrhunderts, später auch katholisch gebliebener, weitgehend außer Kraft, auch ehe gegen Ende des 18. Jahrhunderts die volle religiöse Toleranz förmlich verkündet wurde. In Frankreich konnte Voltaire noch um 1762 Ruhm mit dem Eintreten für gerichtlich verfolgte Hugenotten erwerben. In England dachte in der Zeit der Königin Elisabeth (1558—1603) „niemand daran, mehrere Religionen anzuerkennen, und niemand konnte deshalb vernünftigerweise der Nation das Recht versagen, im Parlament zu bestimmen, was ihre einig-einzige Religion sein sollte“[24]. Auch die Revolution von 1688/89 brachte nicht etwa schon volle religiöse Toleranz. Namentlich die Katholiken blieben zurückgesetzt. Ebenso wie die protestantischen Nonkonformisten blieben sie ferner bis 1828 auch von öffentlichen Ämtern und vom Parlament ausgeschlossen. Das wichtigste Ergebnis der Revolution bestand darin, daß im Gegensatz zum Kontinent die *Mitwirkung des Parlaments* auf Dauer erreicht und gesichert wurde. Übrigens wurde diese Revolution samt dem Sturz der Stuarts durch die Invasionsarmee Wilhelms III. von Oranien herbeigeführt, die von Freiwilligen aus vielen protestantischen Ländern gebildet war.

---

[24] Worte des englischen Historikers George M. *Trevelyan,* Geschichte Englands, 2. Aufl. München 1936, I, 370.

Das alles sind Hinweise auf einige wichtige Umstände; an einen umfassenden Vergleich kann hier nicht gedacht werden. Ich erwähne noch das Bildungs-, Finanz- und Justizwesen. Für Deutschland war wichtig, daß Luther schon 1524 forderte, die säkularisierten Kirchengüter, soweit sie nicht weiterhin für kirchliche Zwecke gebraucht wurden, für Bildungs- besonders Schulzwecke zu verwenden, auch für die unbemittelten Schichten. Das ist in erheblichem Umfang gelungen, während diese Güter in den wechselnden Kämpfen in England an die Anhänger der siegreichen Partei verteilt und in Frankreich nach der Revolution zur Deckung der Assignaten schubweise verkauft wurden, ohne daß dabei nennenswert selbständige neue Bauernstellen geschaffen wurden (doch wurden die vorhandenen vergrößert und gefestigt, soweit sie Kaufgeld hatten). Die Entwicklungen waren gegenläufig. Unter Ludwig XIV. hatte der unermüdliche Colbert zwischen 1660 und 1680 für den inneren Aufbau Frankreichs, besonders für die Sanierung der Finanzen, Großartiges geleistet. Trotzdem bildete die Zerrüttung der Finanzen in Verbindung mit dem aufwendigen Leben des Hofes einen Hauptgrund der Revolution. Denn schon zwanzig Jahre nach Colbert verfiel man wieder, wie ein französischer Historiker sagt, dans l'anarchie dépensiaire, in die Anarchie der Verschwendung. Um Einnahmen zu erzielen, hatte man auch auf den vorher zurückgedrängten Verkauf von Ämtern (auch Justizämtern) zurückgegriffen, deren Inhaber natürlich ihren Kaufpreis wieder einzubringen suchten. — Man kennt die preußischen und dann auch die österreichischen Gerichts- und Gesetzgebungsreformen von der Abschaffung der Folter bis zu den großen Gesetzgebungen am Ende des 18. Jahrhunderts. Praktisch bestand, selbst ohne förmliche Proklamation, in den Köpfen der höheren Richter Unabhängigkeit der Gerichte. Der Kampf gegen Mißstände im Prozeß und in der Advokatur ist bekannt. Ich erwähne noch außer dem berühmten Aufopferungsanspruch die Einführung einer bis dahin unbekannten *allgemeinen* Amtshaftung in Preußen im Allgem. Landrecht. Beide haben praktisch grundrechtsartigen Charakter.

Ohne ein gefestigtes Staatsdienercorps lassen sich Reformen vielleicht einführen, aber nicht durchhalten. Dazu bedarf es entsprechender Ausbildungsanstalten, wie sie später gerade in Frankreich eingerichtet und auch anderwärts bekannt geworden sind. Im 18. Jahrhundert sind solche Anstalten in Preußen (in Österreich auch von Maria Theresia) gegründet worden, aus denen das oft genannte preußische Beamtentum hervorgegangen ist; genauer eine verhältnismäßig große Anzahl von Beamten, die von unermüdlicher Tätigkeit, dem travailler pour le roi de Prusse, großenteils mit fürsorgerisch-sozialer Komponente, erfüllt waren und damit auch für den Durchschnitt gewisse Maßstäbe setzte. Colbert, der anscheinend eine ähnliche Natur war, war in jesuitischer Disziplin aufgewachsen. Für Preußen hat die neuere Forschung den erstaunlich großen Anteil einer religiösen Bewegung nachgewiesen, nämlich der um 1700 sich ausbreitenden pietistischen Bewegung, und zwar in der Ausprägung des Hallischen *Pietismus August Hermann Franckes*, der keineswegs nur ein Waisenhaus gründete, sondern weitgehende Pläne für die *Reform des preußischen Staates* entwarf und, weil er in nahe Verbindung mit dem König kam, sie zum Teil auch verwirklichen konnte, teils in merkantilistischen Fabrikunternehmen zur Bekämpfung der Armut und weiter durch Einrichtung von Schulen verschiedenen Grades, besonders auch mit Internaten. Hierher gehört auch die neugegründete Universität Halle, an der Francke erst als Orientalist, später als Theologe, zeitweilig auch als Rektor wirkte[25]. Hier wurde der Pfarrer- und Beamtennachwuchs herangebildet, mit dem nachher im Schulwesen Bedeutendes geleistet worden ist, nicht nur im Umkreis von Halle und in Berlin, sondern auch in Ostpreußen. Hier war Königsberg zwar ein Einfallstor der englischen Aufklärung, das platte Land stand aber sehr zurück. Übrigens ist auch Immanuel Kant Schüler einer solchen, von Pietisten Franckescher Prägung geleiteten Anstalt, des Collegium Fridericianum, gewesen.

Auf pietistischem Einfluß beruhen zwei Eigenschaften: einmal die Unermüdlichkiet, das ständige Präsentsein des Verantwortungsgefühls, zum andern die Richtung dieses Gefühls auch

---

[25] Francke kam aus dem Reformluthertum des Herzogs Ernst des Frommen in Gotha, der in seinem Lande das Schulwesen erheblich über den sonstigen Stand der Zeit entwickelt hatte. Von dort kam auch der erste Kanzler der Universität Halle, V. L. von Seckendorff (ein Anhänger des Pietismusgründers Spener), bekannt vor allem durch seine Geschichte des „Lutheranismus“. Das im Text Gesagte beruht vor allem auf den Forschungen von Carl *Hinrichs*, s. dessen Sammelband: Preußentum und Pietismus, Göttingen 1971.

auf den Nächsten, also die soziale Komponente. Das erstere teilt der Pietismus mit dem Puritanismus, mit dem er auch asketische Momente gemeinsam hat. Aus hier nicht darzulegenden theologischen Gründen spielt dagegen im Puritanismus diese soziale Komponente keine wesentliche Rolle. Soweit diese in England auf religiöser Grundlage entwickelt worden ist, ist das durch die große Parallelbewegung zum Pietismus, den sogenannten Methodismus, geschehen.

Die Gelegenheit zum Kennenlernen entsprechender Persönlichkeiten wird wohl immer seltener. Darum teile ich zur Veranschaulichung einen Bericht über einen hohen preußischen Beamten mit, einen Grafen Zedlitz-Trützschler, der der neupietistischen Bewegung des 19. Jahrhunderts angehörte und in der Zeit um 1900 nacheinander Oberpräsident der Provinzen Posen, Hessen-Nassau und Schlesien war. Seine Amtsübernahme in Breslau schildert sein Stellvertreter, der während der Vakanz das Oberpräsidium in Breslau verwaltet hatte, folgendermaßen: „Am 1. September 1903 kam der neue Oberpräsident von Kassel nach Breslau. Er ließ mich bis Sagan entgegenkommen. In Sagan und Liegnitz waren die Landräte zur Rücksprache auf den Bahnhof bestellt. Während der zweistündigen Fahrt holte Graf Zedlitz an Informationen über die Lage in der Provinz von mir heraus, was herauszuholen war. In Breslau abends um 10 Uhr angekommen, aßen wir noch im Hotel zusammen und arbeiteten dann weiter bis Mitternacht. Am nächsten Morgen früh um 9 Uhr waren die Beamten im Oberpräsidium zur Vorstellung befohlen; im Arbeitsanzug, wie er wünschte. Mittags kam das Provinzialschulkollegium heran. Es bestand im wesentlichen aus älteren Herren, die in der Mehrzahl den Reformbestrebungen auf dem Gebiet des höheren Unterrichtswesens ablehnend gegenüberstanden. Sie waren nicht darauf gefaßt, daß ihnen ihr neuer Präsident eine etwas heiße halbe Stunde bereiten würde. Sie schienen zu glauben, daß er, der ja kein Abschlußexamen gemacht und nicht studiert hatte, für die Sonderprobleme der höheren Schule nicht viel Verständnis haben würde... Sein Werdegang war eigenartig. Er kam auf der Schule nur bis Obertertia und wurde dann Gardekavallerist. Gefährdung seiner Lunge zwang ihn, eine Zeitlang in Südfrankreich zu leben, wo er genas. Er übernahm das väterliche Gut... und erwarb sich die erforderlichen Kenntnisse der Verwaltung in den Ehrenämtern bei Kreis- und Provinzialausschuß und der Landwirtschaftskammer, und zur Überraschung aller Bureaukraten machte man ihn in jugendlichen Jahren zum Regierungspräsidenten von Oppeln. Dann folgten die höheren Ämter. Überall, wohin er in der Verwaltung gestellt war, prägte er dem Beamtenkörper seinen Geist auf und gewann bestimmenden Einfluß auf weite Kreise der Bevölkerung zum Segen seines Amtsbereichs. Ich möchte ihn die Verkörperung des Ideals des alten Regimes nennen ...

Es war nicht bequem, mit ihm zu arbeiten. Er kannte keine Schonung. Oft saß er schon früh um 5 Uhr am Arbeitstisch ... er verließ sich nur im Notfall auf Informationen durch andere, er sah selbst nach. Er konnte dem Verhandlungsgegner durch überraschende Sachkenntnis sehr unbequem werden ... Noch eine Geschichte von ihm möchte ich erzählen ... Vor längeren Jahren hatte er einen sehr tüchtigen Inspektor, der nur den einen Fehler hatte, daß er trank. Keine Mahnungen wollten helfen. Da hat sich Graf Zedlitz dem Manne gegenüber verpflichtet, selbst keinen Tropfen Alkohol zu sich zu nehmen, wenn er verspräche, das gleiche zu tun, und vor allen Dingen sich verpflichtete, unbedingt die Wahrheit zu sagen, falls er doch noch einmal fallen sollte. So hat er den Mann gerettet."[26]

Es ist vielleicht ein kennzeichnender Zug, daß der Pietismus in Deutschland eine erhebliche Zahl von Staatsdienern gestellt hat, während in England viele methodistische Gruppenleiter im 19. Jahrhundert in die Labourparty gegangen sind.

II.

Ich gehe über zu meinen Bemerkungen über die gegenwärtige Lage des Rechtsstaats. Im Ausland, aber auch in Deutschland selbst werden öfter Zweifel laut, ob die Deutschen wirklich zum Bewußtsein ihrer Mitträgerschaft und Mitverantwortung für die öffentlichen Angelegenheiten und für den Bestand des Rechtsstaats gelangt sind. Dabei liegt meist der Gedanke zugrunde, daß eine gesetzgebende *Volksvertretung*, die auf allgemeinem, dann aber auch gleichem Wahlrecht beruhe, *die Hauptform sei,* durch die bloße Untertanen in verantwortlich mitwirkende Bürger verwandelt und zugleich vor der unbe-

[26] Vorstehender Bericht ist entnommen aus G. *Michaelis,* Für Staat und Volk, 2. Aufl. Berlin 1922, S. 207 ff.

grenzten Macht der Regierung durch deren Bindung an das Gesetz geschützt werden können.

Will man das *Verhältnis* großer Teile des deutschen Volkes *zu dieser Verfassungsform* richtig verstehen, so muß man vorerst auch andere Formen der Mitwirkung ins Auge fassen, beidenen sie sich nicht in Form von Wahlen und Parlamentstätigkeit vollzieht. Die einzelnen wirken bei öffentlichen Angelegenheiten vielfach mit durch *Verbände,* die von den Untertanen/Bürgern selbst errichtet und verwaltet werden. Viele davon, meist berufliche Gliederungen wie Handels- oder Handwerkskammern, Börsenvereine, Anwalts- oder Ärztekammern nehmen unmittelbar *öffentliche Aufgaben* wahr, z. B. Ausbildungs- und Prüfungswesen, Schutz vor technischen Gefahren (die Dampfkesselüberwachungsvereine waren ursprünglich ein freier Zusammenschluß von Unternehmern, um die staatliche Kontrolle zu vermeiden), Schutz der Öffentlichkeit vor unzuverlässigen Berufsangehörigen u. a. m.[27] Um die Rolle der Initiative einzelner im sozialen Leben richtig einzuschätzen, muß das Verbandswesen aber in weiterem Umfange beachtet werden. Man denke z. B. an die seinerzeit wohl einzigartige Organisation des deutschen Buchhandels in Leipzig mit ihrer großen Bedeutung für das kulturelle Leben, einschließlich der Entwicklung des Urheberrechts. Im Bereich der Wirtschaftspolitik könnte der Staat viele Aufgaben ohne die bestehenden Wirtschafts- oder Berufsverbände gar nicht erfüllen. Gerade die größten Verbände wirken aber *nicht* in dieser Weise bei öffentlichen Aufgaben mit, sondern vertreten einfach die *Interessen* ihrer Mitglieder. Das ist ein Mittel, durch das die große Zahl der nicht begüterten und daher einflußlosen Untertanen ihre Forderungen zu Gehör bringen kann. Wir werden nachher aber sehen, daß gerade diese *Interessenverbände* beim *Ausbau des Rechtsstaats* im 20. Jahrhundert eine *wichtige Rolle* gespielt haben.

Vorher ist noch auf eine andere, vielleicht in besonderer Weise den Deutschen eigentümliche Vorstellung von Mitwir-

---

[27] Der Hinweis auf die Eigenschaft als beliehener Unternehmer oder als Körperschaft des öffentlichen Rechts betont das *Monopol* des Staates, besonders auf hoheitliche Tätigkeit in engerem Sinne, oder die *Eingliederung* in den Staat, während hier die *Eigenverantwortlichkeit* der Mitglieder hervorgehoben werden soll.

kung des *einzelnen* hinzuweisen. Sie besteht in dem Gedanken, daß Zweck der *Berufsarbeit* nicht nur der eigene Erwerb sei, sondern daß sie noch einen anderen Sinn habe. Es ist viel geschrieben worden über Recht oder Unrecht der Thesen Max Webers von dem Einfluß calvinistisch-puritanischer Lehren auf die Berufsauffassung und -ausübung. Diese Fragen scheiden hier aus, weil bei diesen Lehren gerade der *soziale* Bezug der Berufsarbeit fehlt. Anders ist es bei der Berufsauffassung Luthers, der hier oft wieder ins Spiel gebracht wird: Der Mensch soll Gott dienen, nicht in besonderen, dem sonstigen Leben entrückten Daseinsformen oder Veranstaltungen, sondern im Hier und Jetzt der täglichen Berufsarbeit. Gott dienen heißt dem Nächsten dienen. Das geschieht in erster Linie nicht durch besondere Veranstaltungen zur Ausübung von Nächstenliebe, sondern *in der Berufsarbeit selbst.* Denn deren Sinn liegt darin, daß der Bestand des Ganzen, der auf diesem Zusammenwirken beruht, aufrechterhalten wird. Der Einfluß lutherischer Lehren mag auch hier größer oder geringer gewesen sein. Daß bei den Deutschen jedenfalls bis in die jüngste Zeit solche Berufsauffassungen wirksam gewesen sind, ist m. E. nicht zu bezweifeln. Auch eine Erscheinung wie die sog. gebundenen Berufe (Ärzte, Apotheker und manche andere) wird man in solchen Zusammenhängen sehen müssen.

Vielleicht tragen diese Gedanken auch bei zum richtigen Verständnis des *Verhaltens der deutschen Arbeiterschaft nach 1918.* Mehrfach ist die Frage gestellt worden, ob hier nicht die Gelegenheit zu einer wirklichen sozialen Revolution verpaßt worden sei. Tatsächlich formierten sich die aus dem Felde zurückkehrenden Arbeiter nicht oder nur zu sehr kleinen Teilen zu revolutionären Kampfgruppen, sondern gingen an ihre Arbeitsplätze, so daß Kohle gefördert, Nahrungsmittel erzeugt wurden, auch die Verkehrsmittel leistungsfähig blieben. Das geschah nicht nur, weil die Arbeiter selber leben und verdienen wollten, auch nicht deshalb, weil ihnen die öffentlichen Angelegenheiten gleichgültig gewesen wären, sondern mindestens *auch* deshalb, weil sie glaubten, auf diese Weise auch ihre *öffentlichen Pflichten zu erfüllen,* wenn sie das Volk vor Hunger und Kälte bewahrten und das soziale Leben erhielten. Auch die Beschränkungen des Streiks in den sogenannten lebenswichtigen Betrieben gehören hierher.

Diese Denkweise beeinflußt auch die Vorstellungen von der *Regierung*. Eignung zur Regierung ist fachliche, vor allem durch Berufserfahrung zu erwerbende Eignung. Nach 1918 konnte man noch sehr lange in Deutschland hören, daß dieser oder jener Abgeordnete als Minister doch völlig ungeeignet sei, weil er „von seinem Fachbereich nichts verstehe". Auch die Ausübung der Regierung ist Berufsausübung und unterliegt deshalb den Anforderungen, die sich aus dem Berufsbegriff ergeben.

Man erfaßt weder die Realität noch vor allen Dingen die Vorstellungen der Deutschen richtig, wenn man dem eben Gesagten vereinfachende Sätze entgegenhält wie den, daß Neutralität (= Sorge für das Gemeinwohl) die Lebenslüge des Obrigkeitsstaats sei. Wenn solche vermeintlich realistischen Aussprüche nicht nur auf die Selbstverständlichkeit hinauslaufen, daß alle geschichtlichen Erscheinungsformen hinter einem absoluten Ideal zurückbleiben, sondern auf geschichtliche, d. h. relative Urteile zielen, so verfehlen sie den richtigen Ausgangspunkt für Vergleiche, nämlich den ursprünglich-selbstverständlichen Zustand, in dem Regierungsgewalt als Mittel zur eigenen Bereicherung und zur Versorgung der eigenen Anhänger gilt. Deshalb wird auch übersehen, daß der erste Schritt über diesen Zustand hinaus schon darin liegt, daß überhaupt die *Frage gestellt* wird, ob Ausübung von Regierungsgewalt positive Aufgaben hätte, geschweige ob solches Beutemachen verwerflich oder strafbar wäre. Von daher müssen Vergleiche gezogen werden. Über diesen Zustand wollen die Anhänger des liberalen wie des sozialen Rechtsstaates hinaus. In unserem Zusammenhang geht es aber darum, wie sich die Auffassung vom *sozialen Beruf* der Regierung auf die Ausgestaltung und praktische Handhabung der Rechtsinstitute auswirken. Man denke z. B. an das Prozeßrecht. Es macht einen großen Unterschied, ob der Strafprozeß im wesentlichen als Kampf zwischen Ankläger und Angeklagten (Verteidiger) ausgestaltet ist oder ob, wie im deutschen Strafprozeß, schon der Staatsanwalt die Pflicht hat, auf Erforschung des gesamten Sachverhalts, auch im Blick auf eine Entlastung des Angeklagten, zu dringen. Der Zivilprozeß sieht sehr verschieden aus, je nachdem man die Aufgabe des Richters nur in der Beurteilung des Parteivorbringens sieht oder auch darin, auf sachdienliches Vorbringen der Parteien hinzuwirken. Man kann sich leicht davon überzeugen, welche praktische Bedeutung der ständigen Ausdehnung solcher Richterpflichten durch die Novellen zu § 139 ZPO, auch als Revisionsgrund, zukommt. Diese Traditionen, die in Deutschland seit 1840 aufgegeben waren, sind neuerdings aus Österreich wieder zu uns gekommen.

Die Auffassung von den Pflichten der Obrigkeit kann sich auch auswirken auf die Bedeutung der *Gewaltenteilung*. Bekanntlich ist erst nach 1945 in allen deutschen Ländern ein durchgehender Rechtsschutz vor unabhängigen Verwaltungsgerichten eingeführt worden. Früher gab es in weiten Bereichen nur Dienstaufsichtsbeschwerden oder auch Rekurse oder dergleichen an den Minister (z. B. im Bergrecht). Liest man die hierauf ergangenen Entscheidungen, die auf manchen Gebieten veröffentlicht wurden, auf anderen nur in den Akten enthalten sind, so gewinnt man oft den Eindruck, daß sie mit ihrer Argumentation und vor allem in der Sorgfalt, mit der sie das Vorbringen der Beschwerdeführer beachten und bescheiden, sich sachlich wenig vom Urteil unabhängiger Gerichte unterscheiden.

Der Grundsatz der *Diskussion*, grundlegend für das Verfahren der Gerichte wie der Volksvertretung, ist auch innerhalb der *Verwaltung* von erheblicher Bedeutung. Wenn man die Eigenart der Verwaltung hauptsächlich durch den Rechtssatz kennzeichnet, daß sie in ihrer Arbeit an die Weisungen von oben gebunden sei, so wird ihre Rechtswirklichkeit unvollständig erfaßt. Das gilt für die Zeiten *vor* Einführung des Parlaments, aber auch noch heute. Denn schon damals spielte eine wesentliche Rolle einmal die Diskussion über *gegensätzliche* Gesichtspunkte und Interessen *zwischen den Fachressorts*, in denen sich vielfach zugleich die Interessen der Untertanen spiegeln, dann aber auch der Austausch der zentralen mit den *nachgeordneten* Behörden über deren Erfahrungen. Es ist nicht zum Vorteil für die Verwaltungsgeschäfte, wenn zuviel von der Weisungsgebundenheit (d. h. auch: der Abwälzung der Verantwortung nach oben) gesprochen wird. Beachtet man das alles, so wird man das *Verhältnis der Deutschen zur Staatsgewalt* richtiger beurteilen, als es oft geschieht.

Aber auch wenn man hinzunimmt und anerkennt, was ich über Mitwirkung und Eigeninitiative der Bürger gesagt habe, ergibt sich doch noch *keine* wirklich *ausreichende Antwort* auf die Frage, wie es mit dem *Verhältnis der Deutschen zur Freiheit* bestellt sei, die doch den eigentlichen Sinn und Kern des Rechtsstaats ausmachen soll. Die vielgenannte soziale Daseinsvorsorge ist ihr, so sagen viele, oft nicht günstig, vielleicht sogar zuwider.

Ich möchte für das Verhältnis der Deutschen zur freiheitlich-liberalen Seite des Rechtsstaats einen etwas anderen Ausgangspunkt nehmen, den ich so bezeichnen möchte: Es fällt den Deutschen schwer, zu der *formellen* Seite des Rechts und zu deren Notwendigkeit ein positives Verhältnis zu gewinnen; denn sie hinterfragen jede formelle Regel oder Rechtseinrichtung auf ihre materielle Berechtigung, und zwar in dem Sinne, welchem Zweck sie diene und ob sie ein hierzu geeignetes Mittel sei. Ich verdeutliche das an folgenden Beispielen, zum Teil aus dem *Verfahrensrecht,* in dem das formelle Moment des Rechts besonders deutlich zum Ausdruck kommt: Die sogenannte Rechtskraft des Urteils bedeutet die formelle Geltung des Urteils in der Weise, daß es endgültig ist. Darin liegt auch, daß die Frage, ob die rechtlichen Voraussetzungen des Urteils wirklich vorliegen und ob die Auswirkungen, wenn es durchgeführt wird, zweckmäßig sind, im Prinzip ausgeschlossen ist. In Band 155 S. 114 sagt der 6. Zivilsenat des Reichsgerichts zu dem allen Juristen bekannten Problem, ob man sich trotz der Rechtskraft des Urteils mit Hilfe des § 826 BGB darauf berufen kann, daß die Durchführung des Urteils sittenwidrig sei: „Die in Band 67 S. 153 gegebene Begründung, daß wegen rechtskräftiger Verurteilung kein Schade vorliege, stellt die Form über die Sache und widerspricht der Absicht, die § 826 BGB verfolgt. Es ist nicht von der Rechtskraft auszugehen, die ja nur eine von vielen formalen Rechtseinrichtungen ist, sondern von § 826 BGB.“ Schwerlich würde ein französisches oder englisches Gericht so argumentieren. Auch hat sich kaum eine andere Prozeßwissenschaft so wie die deutsche mit der Frage geplagt, wie denn das Verhältnis der vom Gericht endgültig festgestellten zu der, wie man sagt, „wahren“ Rechtslage zu denken sei. Oder: Der Ausschluß verspäteten Vorbringens ist ein Mittel gegen Prozeßverschleppung, er kann aber dazu führen, daß die wahre Rechtslage nicht aufgedeckt wird. Die deutschen Gerichte haben sich mit diesem Mittel gegen Verschleppung oft schwer getan, auch aus sozialen Rücksichten auf eine vielleicht schlecht vertretene oder unbeholfene Partei. Aus ähnlichen Gründen ist der Umfang der Revisionsprüfung in der deutschen obergerichtlichen Rechtsprechung bekanntlich weit ausgedehnt worden.

Das Erkenntnis, die Rechtsentscheidung, ist aber etwas anderes als *die* Erkenntnis, nämlich in der Wissenschaft. Die Wissenschaft kennt keine Rechtskraft, keine Beschränkung der Beweismittel und keinen Ausschluß verspäteten Vorbringens. Sie ist sozusagen ein ständiges Wiederaufnahmeverfahren. Wenn man heute lesen kann, daß in einem Strafverfahren vor der Hauptverhandlung in mehrjährigen Ermittlungen 200 Aktenbände entstanden sind, daß Gutachter und Obergutachter Jahr und Tag mit sachverständigen Nachforschungen verbracht haben und dann noch Dutzende von Zeugen abgehört werden sollen, so entsteht die Frage, ob man weiß, was ein förmliches Verfahren leisten kann und soll im Gegensatz zur wissenschaftlichen Forschung, die sich nicht mit Teilergebnissen begnügen kann, sondern ständig versuchen muß, zu vollständigeren Einsichten vorzudringen.

Auch die, wie man sagt, *formell* in Geltung stehenden Gesetze werden ständig daran gemessen, ob sie noch geeignete *Mittel zu den erstrebten Zwecken* sind oder ob diese Zwecke selbst noch anzuerkennen sind. Das Gesetz wird zu einer lex semper reformanda. Schwerlich würde in England der Vorschlag Beifall finden, die Magna Charta oder die Habeas Corpus-Akte aufzuheben. In Deutschland haben wir solche altehrwürdigen Gesetze gar nicht, aber in dreißig Jahren etwa 35 Änderungen des Grundgesetzes. Denn es fehlt das, wodurch die Autorität solcher Gesetze entsteht: daß sie im politischen, oft revolutionären Ringen erkämpft sind oder durch alte Tradition, vielleicht verbunden mit dem Mythos einer glorious revolution geheiligt sind. Das setzt lange Kontinuität voraus. Da den Deutschen *Revolution* wie lange *Kontinuität* fehlen, haben sie auch ihre Schwierigkeiten mit der Form in Gestalt von Symbolen wie Nationalhymnen, Nationalflaggen, politischen Feiertagen und dergleichen, und soweit sie solche Symbole haben, finden sie schwer den richtigen Umgang mit ihnen, weil sie auch diese Formen wieder als bloße Mittel verstehen, die man zu diesen oder jenen Zwecken einführen oder auch ändern könne, ebensowenig wie es in Deutschland je einen repräsentativen Mittelpunkt in der Art von Paris, London und Petersburg oder von Rom für die römisch-katholische Kirche gegeben hat.

Auch den deutschen *Gesetzen* fehlt meist der große Zug, der sie zu *Monumenten* machen könnte. Im Anfang der preußischen allgemeinen Gerichtsordnung von 1793, der neuen Fassung eines der Reformgesetze, wird zwar mit schwungvoll anschaulichen Worten ein prozessuales Grundrecht verkündet: „Jeder Untertan und Einwohner des Staates, er sey wes Standes oder Würden er wolle, kann gerichtlich belangt werden; dergestalt, daß auch Vornehme gegen Niedrige und Geringe, Dienstherrschaften gegen ihr Gesinde, (Guts-)Obrigkeiten gegen ihre Untertanen und Eltern gegen ihre Kinder, wenn sie von denselben verklagt werden, sich bei den dazu verordneten Gerichten einzulassen und daselbst Recht zu nehmen schuldig sind." Aber schon im nächsten Satz erlahmt dieser Aufschwung, weil die gewissenhafte Genauigkeit der hohen Ministerialbeamten, die das Gesetz entworfen haben, das Bedenken sieht, es bestünden doch einige Ausnahmen: „Doch hat es in Ansehung der Iniurienprozesse bei den Vorschriften des Allgemeinen Landrechts Th. II. Tit. XI § 557—560 sein Bewenden." Dort ist nämlich die Rede davon, daß die Kinder bzw. das Gesinde die Eltern oder die Dienstherrschaft nicht vor Gericht fordern dürfen, wenn Scheltworte oder geringe Tätlichkeiten durch Ungebühr und dergleichen veranlaßt sind.

Auch die großen *sozialen Institutionen* sind kaum als Marksteine der Entwicklung im allgemeinen Bewußtsein lebendig, weil sie nicht in großem revolutionärem Schwung, sondern mehr in mühevoller Arbeit Sachkundiger zustande gekommen sind. Ich fand zitiert einen Bericht aus dem Jahre 1828, in dem ein Oberpräsident sagt: „Der bisherige Fortschritt der Provinz beruht auf dem der preußischen Verwaltung eigentümlichen Prinzip der Perfektibilität. Darin gründet die Gewißheit des wenn auch langsamen und unscheinbaren, doch sicheren ferneren Heraufschreitens." Ähnliches gilt von anderen Institutionen. Das alte Schwurgericht mit zwölf Geschworenen galt 1848 und noch heute in manchen Ländern als ein Palladium der Freiheit. Gewogen auf der Waage der Zweckmäßigkeit, d. h. seiner Eignung zu nüchterner Tatsachenfeststellung und sachlicher Gesetzesanwendung, wurde es zu leicht befunden und konnte 1924 ohne nennenswerten Widerspruch aufgrund einer Ermächtigung zu Sparmaßnahmen durch eine Verordnung abgeschafft werden.

Wie wirken sich alle diese Vorstellungen auf das *Verhältnis der Deutschen zu der Volksvertretung* aus, die sie selber nach allgemeinem gleichem Stimmrecht wählen? Es ist bekannt, daß diese Institution von allen *revolutionären* Gruppen nur nach Maßgabe ihrer Zweckmäßigkeit zur Eroberung der Macht bewertet wird, und so kommen für das allgemeine Bewußtsein vor allem diese Gruppen als Bedroher dieser Institution in Betracht. Einen breiteren Widerhall haben sie in Deutschland schon seit langem nicht gefunden. Das beweist aber noch nicht, daß die Volksvertretung im Bewußtsein aller übrigen Deutschen als ein wesentlicher Bestandteil des Rechtsstaats verwurzelt ist. Das ist nicht nur eine Frage des Vertrauens zu einer *Institution,* sondern auch zu einem *Personentypus,* der erst mit dem Aufkommen des Parlaments in politische Führungsrollen einrückte, also der Typus des Abgeordneten und Parteiorganisators. Im Sinne der alten Tradition, die an den Berufspflichten orientiert war, wurden die öffentlichen Angelegenheiten in Deutschland großenteils von Leuten verwaltet, die auf ihren besonderen Arbeitsgebieten Sachkunde und konkrete Erfahrung besaßen. Das mußte einem Volke einleuchten, von dem mindestens große Teile in der Berufsarbeit zugleich die Erfüllung einer öffentlichen Aufgabe sahen. In dieser Einschätzung sind die Deutschen im Osten und im Westen wohl auch heute noch einig. Mit dieser Auswahl der leitenden Personen waren große, oft auch im Ausland anerkannte Leistungen vollbracht worden. Neben dem Sachkundigen mit *konkreten,* aber *beschränkten* Erfahrungen und dem Verfechter oft notwendiger, aber im *abstrakten* bleibender Pläne (für vernachlässigte Gruppen) ist ein *dritter Typus,* der aus *konkreten* Erfahrungen *allgemeinere* Einsichten zu gewinnen versteht, in Deutschland — aus welchen Gründen immer — ungenügend entwickelt worden. Darum standen jenen großen Leistungen weitreichende und verhängnisvolle Fehlentscheidungen gegenüber, deren Wurzeln darin liegen, daß man auf die Sachverständigen auch dann vertraut hatte, wenn die Auswirkungen ihrer Ratschläge oder Forderungen weit über das Gebiet hinausgingen, auf dem sie urteilen konnten. Offenbar ist diese Erfahrung nur ungenügend im allgemeinen Bewußtsein wirksam geworden. Dazu trug wohl bei, daß spätere Beobachtungen die Ansicht zu bestätigen schienen, daß zu viele Abgeordnete oder Parteiorganisatoren projektemachende, aber sachunkundige Außenseiter seien. Der Dualismus zwischen der Arbeit in Expertengremien, Beiräten, Anhörung von Verbänden usw. und der Tätigkeit der Abgeordneten trat deutlich hervor, gerade nachdem das Parlament nach der Verfassung eine entscheidende Stellung erhalten hatte. So sehen auch heute Schulklassen, die die Volksvertretung besuchen, dort vielleicht nur 30 Abgeordnete sitzen, nicht weil die Abgeordneten faul wären, sondern weil sie andere Arbeiten für wichtiger halten als die Auseinandersetzung vor dem ganzen Hause. Diese Erscheinungen sind bekannt. Im Sinne eines Mittel-Zweck-Denkens konnten und können sie dazu führen, daß schließlich die *Mitwirkung* der Abgeordneten als *nur formelle*, die Arbeit der Sachkundigen oft mehr behindernde als fördernde Einrichtung erscheint. Mancher Wohlgesinnte hat nicht nur bei der Notverordnungspraxis von 1925 oder 1931, sondern auch noch bei dem Ermächtigungsgesetz vom 24. März 1933 geglaubt, daß dadurch Hindernisse für sachliche Arbeit beseitigt, nicht aber der Rechtszerstörung das Tor geöffnet werde.

Der instrumentale Umgang mit dem Recht, das sogenannte social engeneering, erscheint, außer der Finanzpolitik, am notwendigsten auf dem Gebiete der Sozialpolitik. Diese tritt dadurch in den bekannten Gegensatz zur liberalen Seite des Rechtsstaates, aber auch zu seiner demokratischen Seite, der Mitwirkung des Volkes, vertreten durch seine Abgeordneten.

Ich möchte diese kritische Betrachtung des *Verhältnisses von sozialem und freiheitlichem Rechtsstaat* etwas anders wenden, als es oft geschieht. Wie immer man den Rechtsstaat definieren will: jedenfalls gehört es zu seinem Wesen, daß die bloße Macht und Gewalt, sei es die Eigenmacht des einzelnen, der weltlichen oder kirchlichen Verbände und Gruppen oder die öffentliche Gewalt selbst — daß alle diese Mächte durch das Recht gezügelt werden, um der Freiheit Raum zu schaffen. Dem entsprechen bestimmte Rechtsformen, aber der Rechtsstaat ist mehr als ein in sich funktionierendes System von Rechtsnormen und Institutionen. Er kommt zustande, wenn eine bestimmte Überzeugung mächtig geworden ist, und er besteht nur so lange, wie sie mächtig bleibt, nämlich die Überzeugung, daß ein Betroffener gegenüber der reinen quaestio facti: Wer von uns beiden ist der Stärkere? die quaestio iuris stellen und schon hierdurch seinen Widersacher nötigen kann, sich auf diese Frage *einzulassen*,

d. h. für sein Verhalten oder Begehren *rechtliche* Argumente beizubringen, wie das anschaulich in der zitierten Stelle der Allgemeinen Gerichtsordnung ausgedrückt ist. Es ist schon gefährlich, wenn man diese Errungenschaft der Einlassungspflicht alsbald in Zweifel zieht durch die Frage: Und wie, wenn die Macht zur Durchsetzung des darauf ergehenden Rechtsspruches fehlt? Die Deutschen haben sich vielfach isoliert mit ihrem Spott über den viel redenden aber zum Handeln unfähigen Völkerbund. Auch der Spott der sogenannten nationalen Geschichtsschreibung über die Wirkungslosigkeit des Reichskammergerichts und über das alte Reich insgesamt stammt aus einem kurzschlüssigen Denken. Das alte Reich war schon aus seiner lehnsrechtlichen Tradition ein Rechtsstaat in dem Sinne, daß es in weltlichen Fragen einen rechtswegfreien Raum, den sich der neuzeitliche Absolutismus in den einzelnen Ländern schuf, grundsätzlich nicht kannte. Daß statt der bloßen Machtfrage die Rechtsfrage gestellt werden kann, heißt also, daß ein *gemeinsamer Rechtsboden* anerkannt wird, beim Augsburger Frieden zwischen den konfessionellen Gegnern.

In unserer Zeit stellt sich diese Frage vor allem für das Verhältnis zwischen den Gruppen der *Arbeitnehmer* und den *Besitzern (oder Verwaltern) der Produktionsmittel.* Wie damals war es auch heute nicht möglich, einfach kraft staatlicher Rechtsetzungsmacht ein Friedensgebot zu erlassen. Es war nur möglich unter einer stärkeren eigenen Mitwirkung der Parteien. So war es auch beim Augsburger Frieden. Er ist zwar in den Reichsabschied aufgenommen und insofern Reichsgesetz geworden. Aber zunächst ist er die *vertragliche* Aufrichtung eines Friedens, in dem sich alle Reichsstände gegenseitig verpflichten, wegen der Religionsfrage untereinander und gegen die beiderseitigen Untertanen keine Gewalt anzuwenden und was sonst noch vereinbart wurde. Deshalb ist der Reichsabschied auch von sämtlichen Reichsständen von den größten bis zum kleinsten und letzten unterschrieben.

Dem kann man vergleichen den Vertrag, den die *Unternehmerverbände und die Gewerkschaften* eine Woche nach dem Sturz der alten Regierung am 15. November 1918 über die Errichtung der sogenannten Zentralarbeitsgemeinschaft aufgesetzt und unterschrieben haben. Darin erkannten sie sich gegenseitig als Verhandlungspartner an. Die bekanntesten Unterzeichner waren Hugo Stinnes und Carl Legien, der Vorsitzende der Freien Gewerkschaften. Der Vertrag ist dann, man kann vielleicht sagen merkwürdigerweise, von den beiden Volksbeauftragten Ebert von der SPD und Haase von der USPD im Reichsanzeiger veröffentlicht worden. Erst auf der Grundlage dieses Vertrages entstand dann die berühmte Verordnung vom 23. Dezember 1918 über die normative Kraft der Tarifveträge hinsichtlich der Arbeitsbedingungen, über Schlichtungswesen, über Betriebsausschüsse (die späteren Betriebsräte), kurz die ganze seither entstandene Arbeitsverfassung. Sie bedeutet eben, daß ein gemeinsamer Rechtsboden gefunden und dann auch die Kampfmaßnahmen Rechtsregeln unterworfen wurden. Das alles ist zustande gekommen durch die *Mitwirkung* zwar nicht der einzelnen, sondern der *Verbände* samt aller damit auch gegebenen Problematik der Verbandsdemokratie, der sogenannten Herrschaft der Verbände und einschließlich der dadurch vermittelten, noch vielfach bestehenden *Labilität* des Rechtszustandes, die ihn für perfektionistisches Denken wertlos erscheinen lassen kann; alles Fragen, die wir hier nicht verfolgen können. Doch sei noch bemerkt, daß die Möglichkeit einer Verrechtlichung des Arbeitskampfes auch darin angelegt war, daß die Forderungen der Arbeiterbewegung von Anbeginn als *Rechts*forderungen formuliert waren, nämlich als Recht der Arbeiter auf den Ertrag der eigenen Arbeit, nicht als bloßer Machtanspruch. So gesehen geht es bei dieser Seite der sozialrechtlichen Entwicklung nicht um eine instrumentale Entwertung des Rechts, sondern um seine Verwirklichung als Eigenwert im Sinne des Rechtsstaats.

Aber auch soweit das richtig ist, bleibt es die Frage, ob dasselbe auch für das Rechtsleben im ganzen gilt oder ob den politischen Gegensätzen so starke *weltanschauliche* zugrunde liegen können, daß sie einen gemeinsamen Rechtsboden *ausschließen*. Die Beschränkungen des Augsburger und noch des Westfälischen Friedens auf die sogenannten großen Kirchen bedeutete praktisch den Ausschluß der sogenannten täuferischen Gruppen, vor allem aus Furcht vor den politisch-rechtlichen Konsequenzen ihrer religiösen Lehren in Verbindung mit ihrer besonders starken Kompromißlosigkeit, und zwar nicht nur aus Furcht vor dem Flügel, der wie Thomas Müntzer das Reich Gottes mit Gewalt herbeiführen wollte, sondern auch vor den sogenannten Stillen im Lande mit ihrem gewaltlosen Protest durch Verweigerung des Kriegsdienstes, des Eides und der Teilnahme an staatlicher Zwangsausübung.

Die Frage ist, ob heute, nachdem die volle Toleranz anerkannt ist, dies Augsburger Problem erledigt ist oder, anders ausgedrückt, ob die Freiheit nun als rein formelle gesetzt ist, so daß es rechtlich unerheblich ist, was der einzelne mit seiner Freiheit macht, nicht nur in allerlei privaten Dingen, sondern schlechthin, auch wenn sein Verhalten in die öffentlichen Angelegenheiten hineinwirkt. Sind wir also hinausgekommen über den vorhin angeführten Leitsatz Luthers? („Obrigkeit soll nicht wehren, was jedermann lehren und glauben will, es sei [wahres] Evangelium oder Lüge. Ist genug, daß sie wehret, Aufruhr und Unfrieden zu lehren.“) Zwischen freier Lehre und Lehren des Aufruhrs, zwischen einem *inneren Freiheitsraum* und der *Außenwirkung* muß geschieden werden: die Gedanken scheinen immerhin absolut frei. *Nur* sie oder möglicherweise nicht einmal sie? Auch die Grenze zwischen Gedanken, Worten und Taten muß das Recht erst ziehen, weil sie in der Wirklichkeit flüssig ist: Was einer denkt, wird er auch sagen und lehren, vielleicht muß er die Tat sogar vollbringen, weil er sie gedacht. Das wußten die alten Ketzerrichter wohl, und wenn erzwungene Lippenbekenntnisse auch noch keine geänderte Gesinnung beweisen, so ist es auch wieder falsch, daß sie für den Menschen nichts bedeuteten. Die Hugenotten, die sich in der Verfolgungszeit zu den drei Worten bringen ließen: „Je me réunis“, wurden dadurch andere Menschen, Verräter in den Augen ihrer bisherigen Genossen, unsichere Konvertiten in den Augen der neuen. Historiker der französischen Geschichte berichten, daß aus konvertierten Hugenotten ein wichtiges Potential der intellektuellen Propagandisten gegen das Ancien Régime hervorgegangen ist. Es ist nun eine wesentliche Frage, ob der Kampf gegen die Verbreitung verfassungswidriger Lehren in der nüchternen lutherischen Erkenntnis geführt wird, daß der weltliche Staat nur die Aufgabe hat, Aufruhr und äußere Notstände hintanzuhalten, ob man das aber auch dann durchhalten kann, wenn der Gegner seine Bestrebungen als Heilslehre versteht. Die Geschichte lehrt, welche Kraft in dem Glauben liegen kann, Träger einer Heilslehre zu sein, die die Menschen endlich aus ihren Nöten führt oder vor ihnen bewahrt, und so kann der Gedanke aufkommen, nur mit der gleichen Waffe sei man einem solchen

Gegner gewachsen. Aber es ist gefährlich, sich das Gesetz des Handelns vom Gegner aufzwingen zu lassen, und Furcht ist allemal ein ebenso schlechter Ratgeber wie Illusion. Wer daran festhält, daß er keinen heiligen Krieg führt, wird die Grenzen zu dem inneren Freiheitsraum des Gegners nicht überschreiten und so nicht in den Fehler verfallen, der in der Geschichte oft begangen worden ist, daß man dem schadet, was man verteidigen will, indem man die unter sich sehr verschiedenen Gegner zusammentreibt oder indem man auch die Grundlagen des Rechtes, das man verteidigt, zur lex semper reformanda rechnet und auch diese *Grundlagen instrumentalisiert,* indem man sie wechselnden Situationen und Bedürfnissen anpaßt.

Aber weichen wir der Zuspitzung des Problems nicht aus: nicht jedem Nonkonformisten gehört die Zukunft, weil er selbst das vermeint; aber manchem Nonkonformisten hat die Zukunft in der Tat recht gegeben. Im Blick auf diese Möglichkeit handelt, wer gegen ihn entscheidet, auf Gefahr. Aber selbst das kann nichts daran ändern, daß für jede Zeit die Grenze zwischen innerem und äußerem Freiheitsraum gesucht und bestimmt werden muß. Wir müssen also sagen: Wenn der moderne Staat grundsätzlich allen Weltanschauungen neutral gegenüber steht und dadurch die Grenzen anders bestimmt werden müssen als in früheren Zeiten, so wird dadurch die Notwendigkeit, überhaupt eine solche Grenze zu bestimmen, *nicht aufgehoben.* Insofern ist auch für uns das grundsätzliche Problem, um das man im 16. Jahrhundert kämpfte, noch nicht erledigt.

Aber während wir auf die richtige Lösung dieser Aufgabe viel Kraft verwenden, werden diese Bemühungen vielleicht schon von neu entstandenen Kräften unterlaufen, die vermöge neuer Entwicklungen auch den *inneren* Freiheitsraum der Menschen erobern. Es gehört sicherlich zu den wichtigsten Entwicklungen des 20. Jahrhunderts, daß man die physikalischen Forschungsmethoden des Experiments und der Messung, d. h. der zahlenmäßigen Erfassung aller Vorgänge, übertragen hat auf die Erforschung der Welt des Menschen, des einzelnen wie der sozialen Gruppen; dies nicht nur, um die kausalen Bedingtheiten des menschlichen Verhaltens zu erkennen, sondern um mit Hilfe solcher Erkenntnisse dies Verhalten auch steuern zu können. Es ist derselbe Übergang wie der von der physikalischen Erkenntnis zu deren Umsetzung in Technik. Diesem Zweck dient das immer dichter werdende Netz von Zählungen und Messungen mit dem Streben nach immer vollständigerer Erfassung aller Daten, auch beim einzelnen, wenn das nach Ansicht — ja nach wessen Ansicht? — notwendig ist, weil diese Daten sozial erheblich werden können — wie man denn auch auf den Gedanken gekommen ist, für den Menschen ein Formular anzulegen, in das, vom Eintritt in den Kindergarten an, alle psychologisch-pädagogisch erheblichen Beobachtungen eingetragen werden zum Zwecke besserer Berufsberatung, für die Entscheidung über Förderungshilfen, vielleicht auch als vorsorgliche Unterlage für Gutachten über den Ursprung körperlicher oder seelischer Abweichungen und über die geeignete Therapie, Erziehungs- oder Sicherungsmaßnahmen eingeschlossen. Auch für die Rechtspraxis wird immer häufiger die Frage gestellt, wie weit die physikalischen Methoden des Versuchs auf den Menschen angewandt werden können.

Bekanntlich handelt es sich hier um eine internationale Entwicklung, deren Wurzeln nicht in Deutschland, sondern eher in der Tradition des englischen und dann auch des nordamerikanischen Denkens liegen, und zwar von Thomas Hobbes her, der es als erster unternahm, die Methoden der soeben von Galilei entwickelten Mechanik auf den Menschen und das Staatsleben zu übertragen. Vielleicht hat das Problem aber auch seine besonderen deutschen Färbungen. Ich habe davon gesprochen, daß bei den Deutschen das Urteil des Sachkenners großen Ansehen genießt. Heute hat derjenige, der die Methoden der quantifizierenden Erforschung des Verhaltens einzelner, besonders aber menschlicher Gruppen, beherrscht, oder der die Fähigkeit besitzt, die Fragestellungen für den Computer zu programmieren, sogar ein doppeltes Prestige. Er hat den allgemeinen Respekt vor dem Sachkenner für sich und dazu das besondere Ansehen, das die physikalische Technik besitzt. So erscheint er zuständig für Vorschläge, wo Datensammlungen nötig sind, oder auch für unmittelbare Reformvorschläge auf immer weiteren Lebensgebieten, oft unter der mehrdeutigen Parole der Rationalisierung.

Nun wäre es töricht, die z. B. pädagogisch oder kriminalistisch überaus wichtige Vertiefung der psychologischen Erkenntnisse gering zu achten. Ich will auch nicht das tun, was schon viele getan haben, nämlich das Bild eines noch furchtbareren

Leviathans als des von Hobbes gezeichneten zu malen und zum Ausbau weiterer rechtsstaatlicher Maßnahmen gegen diese Gefahren aufrufen. Im Gegenteil. Es könnte sein, wenn wir mit derselben Perfektion und Unermüdlichkeit, mit der wir jenes Datennetz ausbauen, auch die rechtsstaatlichen Gegenmaßnahmen ausbauen und den letzten, vermeintlich oder wirklich noch nicht rechtsstaatlich erfaßten Winkel vergesetzlichen — es könnte sein, daß es uns am Ende so ginge wie einem Schneepfluge, der schließlich stecken bleibt in den Schneemassen, die er selber aufgehäuft hat. Denn hier stoßen wir auch auf *Grenzen des Rechts,* und zwar deshalb, weil durch alle diese Entwicklungen die Menschen selbst, in ihrem innersten Freiheitsraum schon verändert *sind.* Wenn, um nur *ein* Beispiel zu nennen, Menschen so passiv und unschöpferisch geworden sind, daß sie mit ihrer Freizeit nichts anderes anzufangen wissen, als sich auch darin wieder der Einwirkung äußerer Mächte auszusetzen, dann kann ein Kampf, der nur weitere *rechtliche* Sicherung der Freiheit erringen will, fragwürdig werden. Dann erkennt man, daß auch der Rechtsstaat seinen Sinn für den Menschen nicht allein in sich selbst haben kann, sondern daß es anderer Kräfte bedarf, um der Freiheit, der der Rechtsstaat Raum schaffen soll, ihren Sinn zu geben. Weiter als bis zur Erkenntnis dieser Grenze kann man mit dem Recht nicht gelangen, denn diese anderen Kräfte kann es nicht selbst schaffen.

Ich habe viele Fragen, historische und aktuelle, angerührt, und man kann dagegen fragen, was hilft uns das in der Praxis, wo wir wissen wollen: *Was sollen wir tun,* und zwar in den Details, die man meist zu bewältigen hat. Ich erwidere darauf nicht mit dem oft zu hörenden resignierenden Spruch: Der Teufel steckt eben im Detail. Denn wenn es der Teufel wäre, der im Detail steckt, dann müßte der liebe Gott bei den abstrakten Projektemachern sein, die über die Details erhaben sind — keine gute Theologie. Was ich wollte, entspringt einem anderen Gedanken. Der Maler, der unermüdlich Einzelheiten seines Entwurfs ins kleinste ausführt, wird kein überzeugendes Werk zustande bringen, wenn er nicht immer wieder zurücktritt und das Ganze in den Blick nimmt. Wir müssen wissen, wo wir mit unserer Einzelarbeit, in der Gerichts- und Verwaltungspraxis, in der Gesetzgebung, im pädagogischen Bereich oder wo immer, innerhalb des großen Ganzen stehen. Das kann uns vor fruchtlosem Handeln bewahren. Dazu habe ich versucht etwas beizutragen.

Aber es besteht noch eine direktere Beziehung zwischen dem Handeln jedes einzelnen und dem Bestande des Rechtsstaats. Damit meint man oft das Recht und die Pflicht zum Widerstande. Von den vielen Theorien über den inneren Verlauf der deutschen Geschichte wollen mache auch erklären, warum dieser Gedanke im Rechtsbewußtsein der Deutschen nicht den gebührenden Platz gehabt habe. Diesen Theorien soll hier keine neue hinzugefügt werden. In ihnen wird aber oft auf Luthers Lehre von der Pflicht des Christen zum „leidenden Gehorsam" verwiesen[28]. Das ist einer der Gründe dafür, daß ich über die lutherische Bewegung einiges gesagt habe. Deren Auswirkungen werden sehr verschieden beurteilt. Jakob Burkhardt, Bürger der humanistisch-reformierten Stadt Basel, und Friedrich Nietzsche, Sohn eines lutherischen Pfarrhauses, urteilten in der Richtung, daß das Christentum, dessen unvermeidliches Absterben in der italienischen Renaissance schon begonnen habe, durch die Reformation für längere Zeit noch einmal belebt worden sei. Man kann auch andere Auswirkungen der lutherischen Bewegung finden: In Luthers radikal-ernüchternder Relativierung allen menschlichen Handelns, des Staates, des heiligen Krieges und der heiligen Revolution (vgl. S. 22) kann man eine „prophylaktische Impfung" mit radikaler Kritik erblicken. Weiter: Widerstandswille und Widerstandstradition werden meist durch Unterdrückung hervorgebracht. Luthers Lehre vom Beruf der Obrigkeit kann — zusammen mit anderen Ursachen — dazu beigetragen haben, daß die Machtausübung, besonders im Zeitalter des Absolutismus, in Grenzen gehalten, in wesentlichen Dingen auch ins Positive gelenkt wurde. Das sind größtenteils nicht *verspätete*, sondern *vorgreifende* Entwicklungen. Auch auf diese — oft nicht beachtete — Seite der Vorgänge sollten, außer den anderen, vorhin dargelegten aktuellen Bezügen, meine Bemerkungen hinweisen.

---

[28] S. zuletzt Fr. *Berber*, Das Staatsideal im Wandel der Weltgeschichte, 2. Aufl. München 1978. Dieses Buch behandelt eingehender als viele andere die Auswirkungen religiöser Lehren auf das Staatsdenken. Für obigen Zusammenhang s. das instruktive Kapitel 14: Die Staatsideale der Reformation, das für die Lehren Luthers unter dem Einfluß E. Troeltsch's steht (s. oben Anm. 10).

Wenn in Deutschland der Ausbau des Rechtsstaates gegenüber dem Sozialstaat im Rückstande war — heute ist der freiheitliche Rechtsstaat samt den Menschenrechten in der Bundesrepublik sehr vollständig ausgebaut. Ist damit das Ganze jenen geschichtlichen Zusammenhängen entnommen? Fast kann der Eindruck entstehen, daß auch der freiheitliche Rechtsstaat Züge des Sozialstaats annimmt. Er erscheint in der Wirklichkeit oft als Forderung nicht an sich selbst, sondern an andere: Als Forderungen an die Volksvertretung, z. B. auf Schaffung weiterer Klagmöglichkeiten oder als Klage bei einem Gericht. Das große System von Schutznormen und Institutionen kann verdecken, wie sehr der Bestand des Rechtsstaates abhängt von dem Mut und der Bereitschaft der Bürger, für das Recht einzutreten. Auch eine Klagerhebung kann verantwortliche Tat des einzelnen Bürgers sein, wenn ihm auch oft ein Verband das Risiko abnimmt. Aber Tradition und Stil, auf deren Bildung es ankomt, entstehen zunächst im Vorfeld, ohne daß von Klagen, Demonstrationen oder anderen Aktionen die Rede zu sein braucht. Mehr Mut gehört zum Eintreten für das Recht oft im Jetzt und Hier des Alltags, da, wo es etwas kosten kann und kein Verband das Risiko abdeckt. Vor einigen Jahren, als die Studentenunruhen schon aufhörten, klagte ein Assistent über, wie er sagte, schlechte und ungerechte Behandlung durch seinen Chef. Auf meine Frage: Warum lassen Sie sich das denn gefallen? sagte er: Aber ich schade doch sonst meiner Karriere. Ehe man über diese Antwort sich verwundert oder aburteilt, sollte man auch daran denken, daß er als Angehöriger der Nachkriegsgeneration wohl nur darüber belehrt worden ist, daß es der älteren Generation an Widerstandsgeist gefehlt habe, nicht aber darüber, daß wir schon durch das, was wir sagen oder nicht sagen, auch heute auf andere wirken und vielleicht Anfang oder Stärkung einer Tradition und eines Stils hervorrufen. Ohne Institutionen, auch ohne Verbände kein Rechtsstaat. Aber Institutionen können versagen, Verbände können aus diesen und jenen Gründen auch da schweigen, wo sie reden müßten — ohne den Mut einer großen Anzahl von Bürgern, für das Recht auch dann einzutreten, wenn es etwas kostet, wird der Rechtsstaat auf die Dauer keinen Bestand haben. Auch diesen Mut kann das Recht nicht schaffen, der Rechtsstaat setzt ihn schon voraus.

Kolibri 360 GmbH
Ferdinand-Jühlke-Straße 7
99095 Erfurt, Deutschland
produktsicherheit@kolibri360.de